本书系四川省哲学社会科学重点研究基地项目"矿产企业社会责任和财务绩效关系的实证研究"(项目编号 SCKCZY2016 – YB03)阶段性研究成果。

企业纳税筹划研究

张 莉 ◎ 著

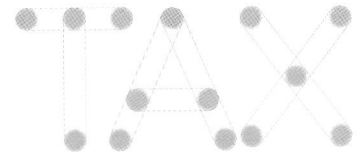

中国社会科学出版社

图书在版编目（CIP）数据

企业纳税筹划研究/张莉著.—北京：中国社会科学出版社，2019.11
ISBN 978-7-5203-5442-4

Ⅰ.①企… Ⅱ.①张… Ⅲ.①企业管理—税收筹划—研究 Ⅳ.①F810.423

中国版本图书馆CIP数据核字（2019）第245460号

出 版 人	赵剑英
责任编辑	黄　晗
责任校对	王　龙
责任印制	王　超
出　　版	中国社会科学出版社
社　　址	北京鼓楼西大街甲158号
邮　　编	100720
网　　址	http://www.csspw.cn
发 行 部	010-84083685
门 市 部	010-84029450
经　　销	新华书店及其他书店
印　　刷	北京君升印刷有限公司
装　　订	廊坊市广阳区广增装订厂
版　　次	2019年11月第1版
印　　次	2019年11月第1次印刷
开　　本	710×1000　1/16
印　　张	12.5
插　　页	2
字　　数	125千字
定　　价	58.00元

凡购买中国社会科学出版社图书，如有质量问题请与本社营销中心联系调换
电话：010-84083683
版权所有　侵权必究

前　言

当今社会经济的急速发展和复杂多变，使得企业之间的竞争压力加大，如何通过纳税筹划的手段有效降低企业向国家上缴税款的压力，来减轻企业不必要的成本支出负担，已成为现阶段企业需要解决的重点关注问题。纳税筹划就是在法律许可的情况下，纳税人通过对企业生产经营中各活动的策划调整，以达到降低成本、减少税负、实现税后收益最大价值化目的的一种管理操作手段。它是合理的、合法的和科学的，是对税收政策的合理利用。有效的纳税筹划会在降低涉税的风险概率、实现企业最大化收益的同时保证国家经济的稳定和有序发展。

纳税筹划的实质是合理化税收政策法规，最大限度地提高税后效益。纳税筹划是在法律允许的范围内，或者至少在法律不禁止的范围内，纳税筹划是纳税人的一项基本权利，是国家应当鼓励的行为，纳税筹划是纳税人的一种合法应对手段,而偷税、抗税、逃税等则是纳税人的一种非法应对手段。既然纳税人有这种需求,国家与其让纳税人采取非法的应对手段,不如引导纳税人采取合法的应对手段。国家出台很多税收优惠政策正是为了让纳税人从事该政策所鼓励的行为,如果纳税人不进行纳税筹划,对国家的税收优惠政策视而不见,那么,国家出台税收优惠政策就达不到其预先设定的目标了。因此,纳税筹划不仅对纳税人有利,对国家也是有利的。

然而我国企业在纳税筹划认识和操作上起步比较晚,在实践中筹划的水平不高。本书根据最新的税收政策,从三个不同的视角来研究纳税筹划。首先是在阐述纳税筹划的相关概念和理论知识的基础之上,从行业的角度,选取典型性行业,结合实例对矿产行业、白酒行业等的纳税筹划进行研究,分析了不同行业纳税筹划的现状、存在的不足并提出了相应的建议;其次,从"营改增"的视角,着重分析了"营改增"之后银行业、互联网金融等行业的税负状况和财务状况的变化情况,并提出了相应的纳税筹划对策;最后是从不同税种的角度出发,对企业所得税和消费两大主要税种进行了详细的剖析,并指出了纳税筹划中存在的风险,提出了规避风险的措施。

本书创新点在于:第一,从多角度分析了企业的纳税筹划,对纳税筹划所涉及的典型行业和主要税种进行了深入的研究和详细的阐述。第二,对案例的分析比较深入,本书的相关案例全部是从现实企业中得来，纳税筹划的对策可以直接应用到企业实践中去，介绍的纳税筹划方案完全是在法律允许的范围内进行的，不会涉及违法犯罪问题，对企业改进纳税筹划有较强的实用性和指导意义。

目 录

第一章 绪论 …………………………………… （1）

第一节 研究背景、意义及内容 …………………… （1）

　一 研究背景 ………………………………… （1）

　二 研究意义 ………………………………… （2）

　三 研究方法 ………………………………… （4）

　四 研究内容 ………………………………… （5）

　五 研究思路 ………………………………… （6）

第二节 文献综述 …………………………………… （7）

　一 国外文献研究 …………………………… （7）

　二 国内文献研究 …………………………… （9）

第二章 纳税筹划基本理论 ……………………… （13）

第一节 纳税筹划的概念和特点 …………………… （13）

　一 纳税筹划的概念 ………………………… （13）

二　纳税筹划的特点 …………………………………（13）

第二节　纳税筹划与节税、避税及偷税、
　　　　逃税的区别 ……………………………………（15）
　　一　纳税筹划与节税 …………………………………（15）
　　二　纳税筹划与避税 …………………………………（15）
　　三　纳税筹划与偷税、逃税 …………………………（16）

第三节　企业纳税筹划的原则 ………………………（17）
　　一　合法性原则 ………………………………………（17）
　　二　合理性原则 ………………………………………（17）
　　三　成本效益原则 ……………………………………（18）
　　四　整体综合性原则 …………………………………（19）
　　五　事前筹划原则 ……………………………………（19）

第四节　纳税筹划的主要方法 ………………………（20）
　　一　依据税种筹划 ……………………………………（20）
　　二　依据投资活动和筹资活动筹划 …………………（21）

第三章　矿产企业纳税筹划分析 ……………………（23）

第一节　矿产行业的特点 ……………………………（23）
　　一　资源的不可再生性 ………………………………（23）
　　二　投资的高风险性 …………………………………（23）
　　三　经济效益的递减性 ………………………………（24）
　　四　缴纳增值税时抵扣低 ……………………………（24）

第二节　矿产企业收费项目及纳税负担 ……………（25）

一　收费项目 …………………………………………（25）
　　二　纳税负担 …………………………………………（26）
第三节　矿产企业涉及主要税种的分析 …………………（26）
　　一　资源税 ……………………………………………（26）
　　二　矿产企业所得税和增值税 ………………………（27）
第四节　矿产企业纳税筹划存在的不足 …………………（28）
　　一　纳税意识不强 ……………………………………（28）
　　二　纳税筹划方案选择不当 …………………………（29）
　　三　缺乏相关专业人才 ………………………………（30）
第五节　完善矿产企业纳税筹划的对策与建议 …………（31）
　　一　加强政府监管力度 ………………………………（31）
　　二　加大宣传工作，强化纳税筹划意识 ……………（31）
　　三　按税种规划纳税筹划方案 ………………………（32）

第四章　白酒企业纳税筹划分析 ……………………………（41）
第一节　我国白酒行业发展历程及税收负担
　　　　　情况回顾 ………………………………………（42）
　　一　白酒行业发展历程 ………………………………（42）
　　二　历年来白酒产品税负的变化情况 ………………（44）
　　三　白酒行业税收征管情况 …………………………（46）
第二节　我国白酒行业纳税筹划的环境 …………………（47）
　　一　法律环境分析 ……………………………………（47）
　　二　社会文化环境 ……………………………………（48）

三　技术环境 …………………………………………（48）

第三节　我国主要白酒上市公司近几年部分主要
　　　　税负的基本情况 ………………………………（49）

第四节　白酒企业纳税筹划的条件 ……………………（52）
　　一　白酒企业纳税筹划人员需要相应
　　　　知识储备 ………………………………………（53）
　　二　白酒企业规模需达到一定水平 ……………（53）

第五节　白酒企业纳税筹划的路径 ……………………（53）
　　一　转让定价 ……………………………………（53）
　　二　调整产业结构 ………………………………（54）
　　三　利用税收优惠政策 …………………………（54）
　　四　延期或分期纳税 ……………………………（55）
　　五　税负转嫁 ……………………………………（57）

第六节　案例分析：W公司的纳税筹划 ………………（58）
　　一　W公司的税务活动分析 ……………………（60）
　　二　W公司的纳税筹划方案 ……………………（61）

第七节　制约白酒企业纳税筹划的因素及提高
　　　　纳税筹划水平的建议 …………………………（65）
　　一　白酒企业纳税筹划的制约因素 ……………（65）
　　二　白酒企业提高纳税筹划水平的建议 ………（69）

第五章　建筑企业纳税筹划分析 ………………………（73）

第一节　建筑企业发展的现状和税收环境 ……………（73）

第二节 "营改增"对建筑行业的影响 ……………（76）
一 有助于规范财务管理 …………………………（76）
二 有利于细化行业分工 …………………………（77）
三 有助于完善增值税征收制度 …………………（77）
四 案例分析："营改增"对建筑行业
税负的影响 ………………………………（78）

第三节 S 建筑公司的纳税筹划分析 ………………（80）
一 S 建筑公司的经营情况 ………………………（80）
二 S 建筑公司主要的纳税筹划方法 ……………（82）

第四节 建筑企业纳税筹划面临的主要问题 ………（83）
一 难以取得增值税专用发票 ……………………（83）
二 固定资产的折旧和原材料损耗处理不当 ……（84）
三 确认收入时的纳税筹划风险 …………………（84）
四 海外建筑市场面临的税收问题 ………………（85）
五 员工素养和法规认知问题 ……………………（85）

第五节 提高建筑企业纳税筹划水平的建议 ………（86）
一 谨慎确认收入 …………………………………（86）
二 加强对供应商的选择 …………………………（87）
三 选择适当的固定资产折旧方法 ………………（88）
四 提高纳税筹划人员整体素质 …………………（88）
五 优化内部管理，完善财务制度 ………………（89）
六 积极实施新形势下的纳税筹划 ………………（90）

第六章 "营改增"对银行业税负的影响及纳税筹划 …………………………………… (91)

第一节 银行业"营改增"研究状况 ………………… (92)
一 国外研究状况 ………………………………… (92)
二 国内研究状况 ………………………………… (94)

第二节 "营改增"的相关概念 …………………… (97)
一 营业税的概念和特点 ………………………… (97)
二 增值税 ………………………………………… (98)
三 "营改增" ……………………………………… (99)

第三节 实行增值税制的必要性 …………………… (101)

第四节 "营改增"对银行业的影响 ……………… (104)
一 "营改增"影响银行业务框架和竞争格局 … (104)
二 对银行经营范围纳税事项的影响 …………… (107)
三 对银行盈利能力的影响 ……………………… (109)
四 对银行业税负的影响 ………………………… (111)

第五节 "营改增"后银行业的纳税筹划 ………… (114)

第七章 "营改增"对互联网金融业的影响及应对措施 ……………………………………… (118)

第一节 互联网金融业"营改增"政策解读 …… (118)
一 互联网金融业的独特性 ……………………… (119)
二 "营改增"后互联网金融业税负效应和替代效应分析 ……………………………………… (120)

三　具体变动的条款 …………………………（121）
第二节　案例分析："营改增"对B公司财务状况等的
　　　　影响 ………………………………………（123）
　　一　企业基本情况 …………………………（123）
　　二　企业主要业务 …………………………（123）
　　三　"营改增"后财务会计报表项目
　　　　发生变化 ………………………………（124）
　　四　财务报表解读分析 ……………………（125）
　　五　企业现金流量变化分析 ………………（128）
　　六　"营改增"对企业经济效益的影响 ………（129）
第三节　"营改增"后互联网金融业面临的
　　　　主要问题 …………………………………（130）
　　一　纳税遵从成本高 ………………………（130）
　　二　操作困难 ………………………………（132）
第四节　"营改增"后互联网金融业的
　　　　应对措施 …………………………………（134）
　　一　制定差异化的发票管理制度 …………（134）
　　二　加大对员工的培训 ……………………（135）

第八章　企业所得税纳税筹划 ……………………（137）
　第一节　企业组建形式的纳税筹划 …………（137）
　　一　股份有限公司与合伙企业的选择 ……（137）
　　二　子公司与分公司的选择 ………………（138）

三　通过拆分获得小型微利企业优惠的
　　　　　税收筹划 ………………………………………（140）
　　　四　对注册地点的选择 ……………………………（142）
第二节　对收入项目的纳税筹划 ………………………（144）
第三节　对支出项目的纳税筹划 ………………………（145）
　　　一　业务招待费纳税筹划 …………………………（145）
　　　二　广告费和业务宣传费的纳税筹划 ……………（148）
　　　三　公益性捐赠支出的纳税筹划 …………………（149）
　　　四　工资薪金支出等的纳税筹划 …………………（151）
第四节　固定资产折旧的纳税筹划 ……………………（152）
第五节　企业所得税纳税筹划中的风险及其
　　　　产生原因 ………………………………………（153）
　　　一　企业所得税纳税筹划的风险 …………………（153）
　　　二　企业所得税纳税筹划风险产生的原因 ………（154）
第六节　防范企业所得税纳税筹划风险的措施 ………（156）
　　　一　以成本效益原则为重心 ………………………（156）
　　　二　关注机会成本因素 ……………………………（157）
　　　三　注重整体效益 …………………………………（157）
　　　四　保持纳税筹划灵活可变 ………………………（157）
　　　五　提升企业纳税筹划人员的专业能力 …………（158）
　　　六　加强与主管税务机关的沟通 …………………（158）
　　　七　建立恰当的风险管控体系 ……………………（158）

第九章　消费税的纳税筹划 …… (160)

第一节　消费税的纳税筹划的基本方法 …… (160)
　　一　价格转让法 …… (160)
　　二　成本（费用）调节法 …… (161)
　　三　产权重组法 …… (162)
　　四　购销节点控制法 …… (162)

第二节　消费税纳税筹划的具体思路：重点关注纳税环节 …… (163)
　　一　生产环节 …… (163)
　　二　委托加工环节 …… (164)
　　三　包装、运输和存储环节 …… (167)
　　四　销售环节 …… (169)

第三节　案例分析：L公司消费税的纳税筹划 …… (169)
　　一　L公司概况 …… (169)
　　二　L公司税负情况 …… (170)
　　三　L公司消费税纳税筹划方案的客观依据 …… (172)
　　四　L公司消费税纳税筹划的着力面 …… (174)

第四节　进一步优化消费税纳税筹划的新思路 …… (176)
　　一　"合并+委托加工" …… (176)
　　二　"分立+委托加工" …… (176)
　　三　"委托加工+销售公司" …… (177)

主要参考文献 …… (178)

第一章

绪　　论

第一节　研究背景、意义及内容

一　研究背景

在经济飞速发展的时代，企业为了顺应国内外复杂多变的经济形势需要不断完善其财务治理体系。而随着税收制度改革的深入，税收法律法规更加完善，如何让纳税负担最小成为公司治理的一项重要内容，因而纳税筹划也越来越受到管理者的关注。近几年来，由于我国经济增长速度减缓，行业之间的竞争加剧，也让企业面临新的挑战。竞争能够促进市场的经济活力，带来的不仅是压力，还有更多的动力。此时此刻，企业要主动出击，就得想尽办法去增加手中可利用的资源来获得优势，那么降低各项成本就显得分外重要了。虽然税负也是企业的主要负担之一，会减少企业的净利润，但是企业必须履行纳税义务，因为这是一项重要的社会责任和义务。虽然纳税不可避免，但企业的合法权益也应该得到保证。在一定范围内，且不违背法律的规定下，纳税筹划开始逐步走进企业的视野。纳税成本的降低和税负的减轻是纳税筹划的直接结果，实现企业的长期有效发展才是最终目的。目前，我国企业的纳税筹划还缺乏经验，也暴露了很多不足。此外，纳税筹划还需要跟随新政策的变化，使得纳税方案更加优化，能支持企业管理决策的运作，实现资源合理、高效的使用，并且对风险进行有效掌控。

二 研究意义

在充满竞争的市场环境当中，纳税筹划在企业整体经营中的运用应被管理者重点关注。

首先，企业能通过纳税筹划来获得一定的经济效益：制定合理、有效的纳税筹划方案能够让企业在很大程度上减轻税收负担，有效避免企业在一定意义上承担不必要的纳税负担，或者说不划算的纳税方案，这样一来，更多的税后资源能够被用在企业今后的发展当中。企业的实质工作就是使得税后利润最大化，这就需要有正确的管理决策和有效的财务管理工作来提高企业的经济效益。纳税筹划可以为企业带来许多积极影响：它能够协助企业做出有效的财务决策；有利于降低企业的税负、降低总成本、企业增加营业利润，最大化其经济利益；效率是企业发展的重要因素，纳税筹划有利于提升企业在会计处理中解决问题的效率，只有提升效率才能让企业加速发展，才能让企业在持续经营下获得更多的市场价值和经济利益。

根据新时期市场经济的变化趋势，企业依靠税收政策来完善和加强其经营管理已经逐渐成为我国市场经济的一大特征。我国越来越多的企业把完成目标的突破口放到了纳税筹划上，说明它们的意识在不断增强，企业的管理水平和企业的市场经济地位也通过企业的纳税筹划得到了提高，市场竞争能力也得到了提升。

其次，纳税筹划可以规范企业的纳税行为。对于企业财务人员而言，他们可能不会去彻底弄清某项法律法规，而实施一些不合理甚至违法的纳税方案，造成漏税，乃至是偷税、逃税的行为。从这个层面来说，纳税筹划更加具有重要意义，能让企业更深刻地认识到其中包含的制度内容，让企业的管理者能够形成正确的法制观念，从企业的法人到企业的基层员工，每个人都应当去了解纳税筹划的含义。这样企业整体就能够贴合我国社会主义市场的经济发展，提升纳税意识和进一步明确纳税义务，还能促进税收法律法规的完善，从而促进国民经济建设的发展。

再次，企业的纳税筹划对政府同样具有积极意义。

在短期内，政府税收会因为企业的纳税筹划行为而减少，但是由于这样一定程度上的宽容，企业容易得到发展的机会，从而进一步扩大企业规模，提升市场效益，使得国家能够持续获得这些企业的税收，并且在未来还能获得来自相关企业更多的税收。因此，从长远来看，国家的税收实际上会因为企业的纳税筹划而得到提高。

而且，我国的税收体系也在不断地完善，而其中很大一部分促进因素就是来自于企业自身的纳税筹划。市场经济和国际环境对税收体系的影响终究是大方面的、整体上的，对于税收体系始终是框架层次的干扰。而纳税筹划对于税收的完善具有直接影响，国家很容易通过纳税筹划方案了解到税法的不合理之处或者漏洞，从而打造更完善的税收体系。

最后，纳税筹划是国家调整经济结构、合理配置资源的一种手段。通过不同税收方案使得企业在合法的基础上去听从国家的引导，最常见的就是对迫切需要发展的地区或领域实行优惠政策，使得更多企业向相关方向发展，不仅企业受到了优惠，社会也得到了进一步发展，很大程度上使得国家的经济调控能力通过税收得以实现。

三 研究方法

1. 文献研究法。通过阅读查阅大量的文献资料，梳理了企业纳税筹划的发展历程，了解了其研究现状，总结了企业纳税筹划的主要方法，形成了对研究对象的总体印象，有助于了解其全貌。

2. 案例研究法。选择不同行业的多个企业为研究对象，系统地收集了相关数据和资料，介绍了纳税筹划方法在企业中的实际运用，分析企业运用纳税筹划方法的不足并提出对策。

3. 跨学科研究法。由于企业纳税筹划涉及会计、税务、企业管理等领域，需要结合、联系多个学科理论，例如，企业管理学、统计学、应用经济学等，在此基础上对企业纳税筹划进行研究。

4. 学习集成法。通过文献检索、参加国内外学术活动、合作研究、学术访问等多种方式，了解国际前沿理论和国内现实状况，最大限度地将先进理论与企业的实际状况有机地结合起来，对企业的纳税筹划具有一定的指导意义。

5. 理论与实践相结合的方法。本书通过丰富的案例来具体分析企业纳税筹划理论在实际中的运用，能够更好地将理论与实践相结合，帮助企业开展和改进纳税筹划工作。

四　研究内容

本书共分十章：第一章阐述了企业纳税筹划的研究背景、研究意义和研究内容，并通过对国内外文献研究的归纳，总结了国外和国内企业税收筹划研究的成果；第二章阐明了企业纳税筹划的概念、意义等，并分析了纳税筹划与避税和逃税的区别，介绍了纳税筹划的主要方法；第三章至第五章结合实例对矿产行业、白酒行业等的纳税筹划进行了研究，分析了行业纳税筹划的现状、存在的不足并提出相应的建议；第六章至第八章着重对"营改增"后银行业、互联网金融等行业的税负状况和财务状况的变化和影响情况进行了分析,并提出相应的对策;第九章和第十章着重从不同税种的角度出发,对企业所得税和消费两大主要税种进行了详细的剖析,并指出纳税筹划中存在的风险,提出了应对规避风险的措施。

拟解决的主要问题是通过分析企业的税负现状、涉税数据等来了解其纳税筹划的现状及不足,最终针对这些不足,结合税种、税制改革和纳税意识等提出具体的纳税筹划改进的对策及建议。

五 研究思路

本书研究的技术路线如图1—1所示。

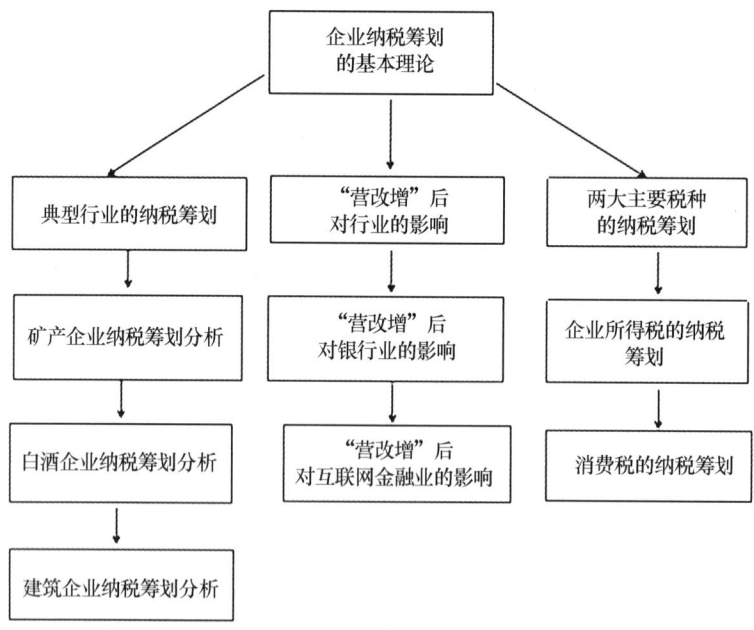

图1—1 本书研究的技术路线

第二节 文献综述

纳税筹划最早出现在意大利,时间可以追溯到19世纪中叶,那时候的纳税咨询业务已经得到了广泛的发展,与之相关的税务师这一行业也发展得比较成熟。从20世纪80年代开始,人们对纳税筹划这一课题的研究越来越深入,从单纯的理论研究不断朝实践的方向发展,与之相关的文献接踵而至,极大地推进了相关技术的完善、发展。"纳税筹划"一词是由美国教授罗斯首次提出,随着税收制度的发展,越来越多的西方财务决策者接受并重视纳税筹划对企业的影响。改革开放以来,我国在将纳税与管理结合这方面的认识和意识也在不断地增强。随着纳税筹划日益受到重视,国内外企业对于纳税筹划存在的问题和完善方案的研究也在不断地深入。

一 国外文献研究

W. B. Meiges（1984）认为纳税筹划就是企业纳税义务确定发生以前,公司管理者依据实际状况,通过公司相关财务人员的合法行为操作,对公司自身的业务活动进行事前的合理安排筹划,达到实现应纳税额最少化的目的。[①]

---

① W. B. Meiges, *Accounting*, Princeton University Press, 1984, p.738.

荷兰国际财政文献局（1992）简明扼要地提出纳税筹划是企业或个人为了实现最低税负而对生产经营过程做出的安排。①

Yasasway N. J.（1994）认为税收筹划是纳税人通过财务活动的安排，充分利用税务法规所提供的包括减免税在内的一切优惠，从而获得最大的税收利益。②

John Doyle（2010）认为公司制定有效合理的税收筹划方案，可以为公司降低发展的成本，还可以将增加的税后净利润奖励给管理者进行有效激励，促使公司主动制定纳税筹划方案。③

Joseph 和 W. Neff（2012）提出纳税筹划可持续发展的观点，认为纳税筹划应考虑长期性，企业不应该只着眼于目前的税负高低，管理层应该以长远的眼光把纳税筹划和企业发展的战略紧密联系，提高纳税筹划的战略地位。④

Prem Sikka 和 Hugh Willmott（2010）认为公司要进行纳税筹划，达到避税效果，可以采取转让定价技术，这样的技术可以控制公司的成本，增加企业效益，提高经营

---

① 荷兰国际财政文献局（IBFD）：《国际税收辞汇》，中国财政经济出版社1992年版，第109页。

② Yasasway, N. J, *Personal Investment and Tax Planning*, New Delhi: Vision Books Pvt. Ltd., 1994, p. 23.

③ John Doyle, "The Effectiveness of Tax Planning", *Economist*, Vol. 11, 2010.

④ Joseph and W. Neff, *Strategic Corporate Tax Planning*, New York: New York Institute of Apress, 2012, p. 18.

利润。①

Odette M. Pinto（2015）指出，企业人员在面对国家复杂多变的税收环境时，纳税筹划人员有必要不断改进筹划方案的有效性和提高纳税筹划的效果。②

综上所述，国外对于纳税筹划的研究经历了一个很长的历史时期，目前的经济市场和法律法规制度已经相对稳定，基本覆盖了各种经济业务活动，纳税筹划的实践已经具有较强的可操作性和有效性。西方发达国家的纳税筹划，无论是在理论上的研究还是在实践上的运用，都积累了相当丰富的经验。例如，对不同的纳税主体，面对不同的税种和税收政策时，应当考虑实施的纳税筹划的类型都比较健全，有一定的借鉴意义。

二 国内文献研究

我国对纳税筹划的讨论相较于西方来说起步较晚，大致在西方国家已经步入稳定完善阶段时我们才认识到纳税筹划的重要性并开始进行研究，唐腾翔、唐向（1994）在我国最早提及纳税筹划的概念，认为纳税筹划是企业对自己的各项经营活动进行提前安排，从而尽量降低纳税成本

---

① Prem Sikka and Hugh Willmott, "The Dark Side of Transfer Pricing: Its Role in Tax Avoidance and Wealth Retentiveness", *Critical Perspectives on Accounting*, Vol. 21, 2010.

② Odette M. Pinto, "Eects of Advice on Eectiveness and Eiciency of Tax Planning Tasks", *Account Perspect*, Vol. 4, 2015.

的方法。①

盖地（2002）将纳税筹划定义为纳税人应该根据现行税法，对企业的经营活动进行减轻税负的一种筹划行为。纳税筹划是纳税人根据当前国家执行的税法，在尊重税法的前提条件下，履行应有的义务，享受该有的权利，依照税法对企业从成立到清算中的各个阶段进行合理筹划，达到减低税收负担的对策。②

高金平（2002）提出，在遵守税法政策的条件下，巧妙地安排企业经营过程中的各种已经实现或者还未实现的产生纳税义务行为，以此来达到实现税后最大收益的目的。并且他认为合法性、筹划性和目的性是纳税筹划应该实现的三个最重要的特征，这三个特征也被大众所广泛认同。③

方正平（2001）认为，税务筹划也称为纳税筹划、纳税计划、税收策划、税收等计划，是指制定可以尽量减少纳税人税收的税务计划，即制定可以尽量减少纳税人应纳税额的方式、方法和步骤。④

梁云凤（2002）认为，税务筹划又称节税、税收筹划，指的是纳税人在税收法律许可的范围内，当存在多种纳税方案可供选择时，通过经营、投资、理财、组织、交易等

---

① 唐腾翔、唐向：《纳税筹划》，中国财政经济出版社1994年版，第9页。
② 盖地：《税务会计与纳税筹划》，东北财经大学出版社2002年版，第352页。
③ 高金平：《税收筹划谋略百篇》，中国财政经济出版社2002年版，第43页。
④ 方卫平：《税收筹划》，上海财经大学出版社2001年版，第38页。

事项的事先安排和策划，以达到税收负担最低或税收利益最大为目的经济行为。①

孙刚（2005）认为纳税筹划理论经历了两个发展阶段，第一个阶段是传统的税收筹划理论，"纳税人对经营活动进行安排，这样使纳税人纳税最小化"，这种理论缺陷是只考虑了纳税最小化，没有考虑筹划成本。第二个阶段是有效税收筹划理论阶段，筹划应该在约束条件下进行，要考虑税收成本和非税收成本，还要考虑显性税收和隐性税收这两个因素。②

邢俊霞（2013）则认为纳税筹划是一种博弈，是纳税义务人通过自身经营活动的多变性与税法时效滞后性特点之间的博弈。③

冯瑞菊（2014）指出税收负担对企业行为是有一定影响的，不同的税收政策会影响企业的融资手段，也会影响企业的股利分配政策。④

牛建芳（2015）是从集团公司整体的角度来思考纳税筹划的，集团公司的纳税主体比较分散，而且每一家大型集团公司涉及的税种繁多，公司内部涉税人员较多，存在涉税风险不可控的现象，也有税法和会计准则的不同规定，

---

① 梁云凤：《所得税筹划策略与实务》，中国财经出版社2002年版，第25页。
② 孙刚：《西方动态纳税筹划理论及其启示》，《财会月刊》2005年第26期。
③ 邢俊霞：《消费税纳税筹划风险控制研究》，《商业经济》2013年第3期。
④ 冯瑞菊：《税收负担对企业行为的几点影响》，《会计之友》2014年第5期。

这些都为集团公司整体进行纳税筹划提供了筹划空间。①

彭新媛（2018）指出，在"一带一路"倡议下进行纳税筹划，可以通过投资避税港，避免成为某国常设机构、境外所得抵扣税额和利用境外企业转移所得来源地的方式，以及跨国关联企业转让定价这五种方式。无论目前我国企业是已经走出去还是计划走出去，都应该利用沿线国家税收优惠政策精心设计纳税筹划方案，规避风险。②

由此可见，我国学者对于纳税筹划的定义越来越全面和系统，研究方向集中在会计政策不同、行业不同和税种不同的选择上，但对于纳税筹划具体运用的分析研究还不够系统完善。因此，本书着重从我国部分典型行业和主要税种的角度出发，结合实际案例进行分析，进一步加深企业对纳税筹划的理解和运用。

---

① 牛建芳：《基于财务管理视角的集团公司税收筹划研究》，《会计之友》2015年第22期。
② 彭新媛：《"一带一路"倡议下"走出去"企业国际税收筹划研究》，《中国总会计师》2018年第8期。

第二章

纳税筹划基本理论

第一节 纳税筹划的概念和特点

一 纳税筹划的概念

纳税筹划就是在法律许可的情况下,纳税人通过对企业生产经营中各活动的策划调整,以达到降低成本减少税负,实现税后收益最大价值化目的的一种管理操作手段。它是合理的、合法的和科学的,是对税收政策的合理利用,有效的纳税筹划是能在降低涉税的风险概率、实现企业收益最大化的同时保证国家经济稳定和有序发展。

二 纳税筹划的特点

(一) 合法性

由纳税筹划的定义可以知道,税收筹划的合法性是指纳税筹划是在法律规定范围内的一种筹划工作,企业只需要按照要求的部分进行缴税。当在法律法规许可的前提下存在多种筹划方案时，企业有权利选择更有利于降低自己税负的方案进行缴税，这不是一种违背税法的行为。同时，合法性也表明了征税机构的征税行为也必须是受到法律约束的，它没有权利要求纳税人多缴税或少缴税，一切缴税、征税行为都是有法律法规明文规定的。可见，合法性是纳税筹划最基本的特点。

（二）计划性

纳税筹划中的"筹划"就表明了该行为是具有计划性的，是根据现在所存在的、所拥有的一切去规划如何提高未来的预期收益。决策者需要把纳税因素考虑到企业经营管理中，即根据国家出台的税收优惠政策，在经营活动之前进行规划，以完善经营管理计划、提高经营效率。

（三）不确定性

不确定性就是指筹划的结果对于能否达到预期效果是未知的，这种不确定性与纳税筹划的成本是反比例关系，说明税收筹划是有一定风险的。

（四）指向性

纳税筹划具有很强的指向性，旨在降低税负、减少固有成本、提高收益，这也是每个企业纳税筹划的本质目标。

第二节 纳税筹划与节税、避税及偷税、逃税的区别

一 纳税筹划与节税

节税一般指从多种经营方式中选择税负较低或者能享受更多税收优惠的经营方式的行为。该项行为的产生通常是税法的导向作用产生效用，为了顺应国家政策，享受税法优惠，企业选择根据税法来确定后期的发展策略。和纳税筹划相比，首先，节税方案不仅要合法，更要符合立法精神，是完全合法且正当的行为。其次，节税方案的选择无疑比纳税筹划要窄一些，因为它是在税法的明文规定上追寻有效路径，而纳税筹划更灵活一些。最后，节税和纳税筹划的根本目的不同，节税只是为了减少税负，而纳税筹划更多的是为了未来的发展，不断提高企业的价值。

二 纳税筹划与避税

避税在一定意义上是合法的，但是通常具有较大的争议，它是通过钻漏洞的方式来减轻企业的纳税负担，所以很大程度上，它违背了立法精神。可以说政府允许避税行为的存在，但是并不倡导避税行为的产生，相比于纳税筹划而言，避税行为的范围更广、争议更多，虽然避税很大程度上保持了合法性，但是更多的时候它并不关心合理

性。而且在很多方面，避税和纳税筹划的边界区分并不是很清晰，二者经常混淆在一起，笔者更多地认为如果能够对合理性进行清楚的认定，那么纳税筹划便能得到更好的界定。

三 纳税筹划与偷税、逃税

偷税是指采用虚报、隐瞒应税经济行为记录的手段来达到减少应缴纳所得税数目，是一种欺诈、违法的行为。而逃税是指知税不缴，通过非法手段逃避税款，是一种违法行为。不同于纳税筹划，偷税、逃税都是企业最终面临税务机关的征税时，企业才采取的行为，它们只是单方面地想减少税款，获取不当得利。对纳税筹划进行倡导的同时也是对偷税、逃税的打压，如果拥有一套合理、合法的减轻税负的方案，企业不会冒着风险去偷税、逃税。

总而言之，包括纳税筹划在内的以上手段，它们的首要目标都是减轻纳税负担，少缴税款，留下更多的税后收益。但是节税合法，又符合立法精神，得到国家重点支持；避税被暂时允许存在，但是并不被倡导，而且后期税法政策会完善相关漏洞，且出台一系列反避税措施应对；偷税和逃税是绝对不被允许的，它违反了税法，终将受到相关执法部门的处罚，企业的声誉受到影响，从而遭受更大的损失。

第三节　企业纳税筹划的原则

一　合法性原则

企业要成功地进行纳税筹划就必须在法律规定的范围内进行筹划，不能抱着侥幸的心理逾越法律规定的界限。纳税筹划之所以不同于偷税，在于其是通过合法利用税制的各个构成要素的弹性差异对企业进行纳税筹划，实现企业健康长久的发展，它是一种对相应纳税活动的最优化选择。企业进行纳税筹划活动，可以使企业有更多的现金流投入日常的经营活动中，提高企业利润，也有利于企业长远的发展。但如果企业采取了不合法的筹划手段，或许暂时会得到一定收益，但是得不到税务机关的认可，面临的不仅是补缴税款和罚金，甚至还会带来严重的信誉危机和生存危机，直接影响企业的持续经营。

二　合理性原则

合理性原则指的是在进行纳税筹划时做出的筹划方案要合理。首先，纳税筹划的方案必须符合企业的特点和实际情况，而且企业能够实施。其次，纳税筹划的方案需要符合常理，不能异想天开。最后，纳税筹划方案需要考虑多种因素。例如，不仅要考虑税收方面的法律法规，还需要考虑其他法律法规。也就是说，纳税筹划不仅要基于事实，还要符合企业的实际情况，应具体问题具体分析，不能将其他企业的纳税筹划方案作为本企业的行动指南。

该原则更多的是为了企业自身结构考虑，凡事都必须有一个度，企业不能单方面为了减少税负而做出一系列不合理的决策。纳税筹划不仅需要合法，还要合理，为了一定的税收优惠而导致企业构建一套不合理的经营架构，这无疑会导致企业不能正常发展。同时合理性也是对合法性的补充，对于尚不完善的税法体系而言，很多时候还需要看税务主管部门的判断，也许企业的一项筹划行为是合法的，但是它表现得不合理，引起税务机关的长期关注，这对企业也存在负面影响。

三　成本效益原则

首先，并不是所有的企业都适合进行纳税筹划，因为税务筹划需要考虑成本与效益。在纳税筹划中，当选择一个方案时，除了会使企业降低税负外，还可能会产生因为选择此方案而放弃另一个方案所丧失的机会成本，这对企业来说是一项损失，选择的纳税筹划方案还有可能会产生潜在的费用。在成本效益原则下，企业选择纳税筹划方案不仅要考虑应纳税额最小化，还应该考虑为这个纳税筹划方案所需支付的费用是否小于所得到的收益这一因素，从而使得显性成本和隐性成本都能被关注到。

其次，企业通过纳税筹划取得的收益并不仅仅局限于应纳税额的直接减少，还包括推迟缴纳应纳税额而间接获得的货币时间价值，解决了企业资金的流动性问题，使企业相当于获得了一笔"无息贷款"，省去了一笔运营资金。

最后，在一些情况下，税收筹划的目的甚至还包括通过增加应纳税款的方式来获得企业整体收益的最大化，一味地追求应纳税额最低有时并不能满足企业的要求。因此，纳税筹划需要遵循成本效益原则，科学节税，纳税筹划方案应该是整体层面上的，不是片面地减少收入或者增加成本，局部的纳税筹划往往效果不是很好，而且通常导致企业整体架构呈现畸形状态。因此，纳税筹划需要很强的整体思维。

四 整体综合性原则

在进行一种税的纳税筹划时，还要考虑与之相关的其他税种的税负效应，进行整体筹划，综合衡量，力求整体税负最轻、长期税负最轻，防止顾此失彼、前轻后重。综合衡量从小的方面说就是，不能只盯在个别税种的税负高低，一种税少缴了，另一种税可能要多缴，要着眼于整体税负的轻重。

五 事前筹划原则

筹划就其字面意思而言，它是在相关应税行为产生之前就已经规划好了的，意味着筹划行为具有前瞻性。同时筹划性意味着方案的创建需要企业的各个部门积极沟通、有效调配，所有参与经营活动的人员积极配合，保证方案的系统性和整体性。概括来说，筹划是事前的，同时也需要企业在整体层面上来规划。因为在经济活动中，纳税活动具有滞后性，例如，增值税是在商品交易行为发生之后才缴纳，企业取得收益之后才需要缴纳所得税，所以这使企业事前筹划具备可能性。企业纳税筹划需要依据企业目前的生产经营特点，在经济活动发生之前充分考虑纳税筹划的措施与哪些流程环节相联系，这些流程环节需要缴纳的税种有哪些，在这过程中是否享受了国家的税收优惠政策，然后制定出切实可行的纳税筹划方案，并且将这些方案施行，企业也能实现税后收益最大化的目标。

第四节　纳税筹划的主要方法

一　依据税种筹划

依据税种筹划就是选择对企业影响比较大的几个税种，具体分析该税种下国家出台的税收政策，再制定适宜的纳税方案，以减少企业的税负。该方法就是利用国家的优惠政策，因为按照政策规定，每个税种都有非常明确的征税条件和范围。在条件范围以外的部分是不予以征税的，因此纳税人可以选择更好的安排，依据我国的优惠政策去做出更合理合法的经营、投资和筹资活动，避免多征税的行为。例如，在如何处置土地及建筑物的策划中，我国就有相关税收政策规定，可以从土地增值税不予以征税的方向上，去找到更适合的投资等决策方案。

例如，A能源公司利用以下优惠政策对增值税进行纳税筹划使得2016年比上年少缴纳税款112万元。一是签订脱硫、技改工程合同时，机器设备销售金额超过合同金额50%的，将同时含有销售设备、提供劳务合同签署为混合销售合同，统一收取增值税专用发票，而不采用单独对劳务费用部分收取营业税发票的方式；二是签订建筑及安装合同时，材料部分占比较小，可采用兼营销售的方式，将涉及的材料与建筑安装合同分开，以便单独开列增值税专用发票；三是在进行招标时要充分考虑各投标单位是否具备开具增值税专用发票的资格，剔除由于节约增值税进项税而对工程造价带来的影响因素。

二　依据投资活动和筹资活动筹划

（一）投资活动中的税收筹划

投资活动中的纳税要从以下四个方面进行筹划：投资的方向、投资的方式、投资的结构和投资的期限。考虑投资方向就是要求企业去研究并选择适合自己的国家税收优惠政策，以此来确定项目内容和地点，然后确保投资的项目尽可能多地获得国家优惠扶持。企业投资有很多种方式，如实物资产投资、无形资产投资等，投资方式的筹划就是根据税收政策选择最合适的单一或组合的投资方式来减少税收负担。例如，企业在用实物资产或无形资产来投资时可以计算折旧摊销费用，在纳税前将其扣除能降低部分成本，而要是用货币资金投资的话，就达不到减负这个目的。根据投资结构筹划就是在利用项目税前扣除、放弃重建而选择合并亏损方式来增加企业营业利润、选择税后利润分红来增加股东权益，减少征税等方面进行策划。考虑投资期限就是要求企业进行分期投资，以减少投资风险。

（二）筹资活动中的税收筹划

筹资方式的复杂多样为企业的税收筹划提供了方向，具体内容体现为企业在权益、负债和资本结构选择上的筹资。在权益筹资上可以通过提取一定比例盈余公积来减少税负；在负债筹资上可以从企业间拆借筹资和银行借款方面进行筹资；同时，在资本结构上做到企业未缴税前扣除资本性利息支出等行为操作。在当前时代背景下，单方面考虑一种因素已经不足以满足筹划企业盈利的目标了，更多的是需要结合企业存在的实际情况具体分析策划，不能只是节税，要考虑在为企业增加预期收益的基础上同时做到合理合法少缴税的最终目标。

第三章

矿产企业纳税筹划分析

第一节 矿产行业的特点

一 资源的不可再生性

矿产资源是通过地质作用长年累月形成的,并且是不可再生的,可以说消耗多少就会少多少,而且采矿的难度也会越来越大,成本会越来越高,现在世界上存在的优质矿产资源已经越来越少了。因为采矿公司开采的矿产资源是不可再生资源,所以公司的存活期取决于其矿区的矿产资源量。矿产资源储量大,公司的存活期则长;矿产资源储备量减少,公司的存活期则缩短。

二 投资的高风险性

矿物质存在于地下,即使通过详细的勘探也无法完全掌握它们的质量和存储规模。因此采矿权只能评估,不能评价。开采后才发现，一些看似富有的矿实际上非常贫穷；一些不引人注目的矿山却具有良好的质量和存储规模。矿产资源的构成纷繁复杂，可以说世界上没有两个完全一致的矿床。因此在搜寻、探索甚至开采矿产资源的过程中，不可避免地伴随着不断的探索和研究，始终存在着不同程度的投资风险。

三　经济效益的递减性

矿山经过一段时间的稳定开采之后，随着矿产企业资源条件的变化，采矿深度将逐步增加，生产环节将增加，采矿和选矿成本将继续增加，并且产量输出将逐年减少，直到矿产资源枯竭关闭坑井。可见，经济效益的递减性是矿产企业普遍的、独特的特点，是一般工业企业所不具备的。

四　缴纳增值税时抵扣低

一般而言，工业企业，特别是制造业企业，必须购买大量的能源和矿物原料。当工业企业产品需要缴纳增值税时，购买的原材料由于量大，增值税抵扣额很高，所以实际缴纳的增值税相对较少。然而矿产企业投入的原材料是自然形成的矿产资源，没有必要外购大量的材料，在开发矿产资源的过程中，只需要外购很少量的材料，因此在征收增值税时，矿产企业产品的扣除额会较低。

第二节 矿产企业收费项目及纳税负担

一 收费项目

目前我国矿产企业收费项目有资源税、增值税、企业所得税、个人所得税、矿产资源补偿费、矿产权使用费、探矿权价款、采矿权价款和矿区使用费等。矿产资源补偿费是由国家中央财政和地方财政共享的一种费用。它是由地质矿产部和同级财政部门共同征收的一种费用，一切问题归这两个部门负责。其计算公式如下。

征收矿产资源补偿费金额＝矿产品销售收入×补偿费费率×开采回采率系数（这里矿产品是指矿产资源经过开采或者采选后，脱离自然赋存状态的产品）。

探矿权价款和采矿权价款：探矿权价款是指按规定向探矿权人收取使用国家出资勘察的探矿权的价款（采矿权价款同理），按照国家规定探矿权价款缴纳期限最长不得超过 2 年，采矿权价款缴纳期限最长不得超过 6 年。

矿区使用费是指在中国境内（包括内海、领海、大陆架及其他属于中华人民共和国行使管辖权的海域）从事合作开采石油资源的中国企业和外国企业，按规定应当缴纳矿区使用费（不再交纳资源补偿费），费率为 1%。

二 纳税负担

由于矿产企业生产的矿产品具有很强的特殊性，几乎不需要外购，增值税进项税抵扣相对较少，因此导致了矿企的税负较大。同时，税负过重还来自于国家对矿产企业既要征收资源税又要征收资源补偿费。但是国家对矿产企业也是越来越重视，出台了一些税收优惠政策来支持该行业的发展。

例如，煤炭企业，它们进行的是采挖矿产资源的经济活动，成本项目中的原材料支出占比很小，导致进项税额抵扣项很少，因而增加了增值税税负；而运费相对较多，能抵扣的税率为9%，相比外购材料16%的抵扣率来说，可以抵扣的进项税额明显要少许多。

第三节 矿产企业涉及主要税种的分析

一 资源税

资源税是指以我国境内各种应税自然资源为征税对象，对挖掘矿产品或生产盐的单位和个人征收的一种体现国有资源有偿使用的税种。为了研究我国矿产企业自然资源的可持续发展战略方案，降低其税收的负担，2016年7月1日，国家全面推进了资源税改革，规定资源税由"从量计征"改为"从价计征"，同时对"清理收费基金"和税收体系格局进行了统筹优化，以期降低我国矿产企业的税收负担。

最近几年我国资源税总额起伏较大，如图3—1所示。

2014年，国家资源税收入为1083.82亿元，2015年为1034.94亿元，2016年为950.83亿元，呈现逐年下降的趋势。2016年国家资源税收入比2014年减少了132.99亿元，下降了13.99%。在2016年7月资源税改革后，2017年，国家资源税收入达到了1353.32亿元，比上年增加了402.49亿元，增长了42.33%。

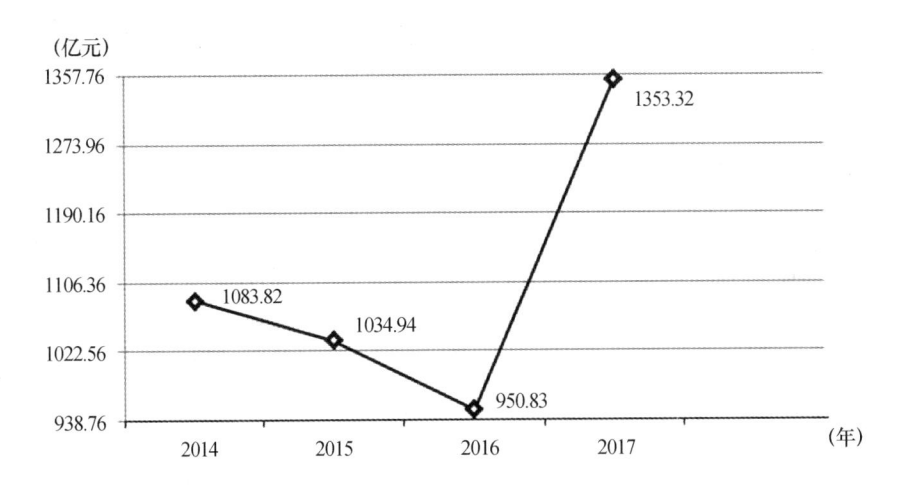

图3—1 2014—2017年国家资源税收入情况

资料来源：2014—2017年《中国税务年鉴》。

二 矿产企业所得税和增值税

企业所得税是指对我国境内的企业和其他取得收入的组织的生产经营所得和其他所得所征收的一种直接税种。

增值税是根据商品（包括应税劳务）在流通过程中产生的增值额征收的一种流转税。增值税实行价外税，即由消费者负担。由于很长时间以来我国企业在经营活动中承担着较重的纳税压力，2016年5月1日，我国全面实行"营改增"，以减轻企业的税负。"营改增"对服务业和制造业税负的影响较大，但对矿产企业来说，减负的效果并不那么显著，甚至可能会导致矿产企业承受更大的纳税压力。而且，自2014年以来，矿产企业所得税也呈现出一定的增长态势。

由于矿产资源的不可再生性，历经多年的发展，我国矿产资源可开采的存量越来越少，与此同时开采难度也越来越大，因此，大部分的矿产资源开发已经步入中后期阶段。矿产企业投资缩减和后备储量不足是影响我国矿产企业发展的关键因素。在全球经济快速发展的背景下，要提高企业的竞争力需要做到有效地利用现有的矿产资源。不仅是我国，现在世界各国都在提倡实现矿产资源的可持续发展，也都意识到了税收对矿产企业发展的重要性，通过税收对矿产企业进行财务管理以有效地节约成本，提高经济效益。

第四节　矿产企业纳税筹划存在的不足

一　纳税意识不强

意识决定行动，人们的行为模式和做事方式在很大程度上受到意识形态的影响和约束。现今一些矿业公司缺乏纳税筹划意识，对纳税筹划存在一定的误解，它们不认可纳税筹划的重要性。由于严重缺乏这方面的意识，企业自身的经济效益容易降低，这对矿产企业的正常发展起到了阻碍作用。同样，企业的纳税筹划工作也会在很大程度上受到企业自身纳税筹划意识的影响。具有较高纳税筹划意识的矿产企业可以对企业纳税工作进行更科学的规划和更合理的安排，第一时间发现问题并解决企业生产经营中存在的不足以及有针对性地做出财务措施，最大限度地避免或减少企业经营风险的发生。但是目前我国有不少矿产企业的管理者尚未充分认识到纳税筹划对公司自身发展的重要影响，因此在日常工作中对纳税筹划的关注度相对较低，公司的纳税筹划工作难以获得足够的支持。在激烈的市场竞争中，大多数企业都把注意力集中于寻求利润，从长远发展的角度看，企业自身的纳税筹划不足将成为阻碍企业发展的重要因素之一，因此，矿产企业应对其纳税筹划工作给予足够的重视。

二 纳税筹划方案选择不当

矿产企业的纳税筹划仍处于探索阶段。其中相关的纳税筹划方法相对简单、片面，这很可能导致企业增加其自身税负。由于宏观经济环境的发展变化，我国的税收政策也会随之进行相应地调整，部分矿产企业的纳税筹划人员对新的税收政策不熟悉或是理解有误，设计的纳税筹划方案就会脱离企业实际，导致纳税筹划活动的失败。企业在做筹划的时候通常有多种备选方案，应结合公司战略和税法及相关政策，从经营活动、筹资活动、投资活动、分税种等方面综合进行筹划，而不是仅从某一方面去筹划。

例如，部分矿产企业债务资本比率较高，负担了较多的资金成本，在这种情况下，如果筹集资金的方案只考虑债务资本的税收收益，就会造成企业资本结构失调，过度负债，加大了财务风险。因此，必须在债务资本筹资和权益资本筹资之间设定合理的比例。纳税筹划方案设计不当，会使企业陷入发展的困境。

三 缺乏相关专业人才

矿产企业的纳税筹划，是由财务人员、税务人员和管理组织者来谋划开展的，他们需要具备一定程度的专业素质和操作能力。但高素质人才缺乏的问题在矿产企业尤其严重，如果缺乏相关专业的高素质人才，就没办法及时根据经济形势的变化和税收政策的变动去调整企业的决策，做出的纳税筹划方案也不具有可行性，由此就会导致矿产企业产生许多本可以节省的纳税成本，最后导致自身的发展速度降低，发展质量下降。当前，税务专业人才尤其匮乏，所以很多矿产企业都是拿财务管理人员充当纳税筹划人员，因此导致企业的纳税筹划水平不高，产生诸如在不了解税法的情况下做策划的现象。另外，由于人才的匮乏，就算做出了正确的纳税筹划方案，也无法使之有效地实施，不利于提高矿产企业的实际经济效益。

第五节　完善矿产企业纳税筹划的对策与建议

一　加强政府监管力度

《矿产资源法》中规定：对于矿产资源的勘察和开采，必须依据法律在相关部门进行申请，必须申请通过得到批准有探矿权并办理相关登记。

政府加强对流转环节的监督，可以从源头上有效地避免偷税、漏税行为的发生。各有关部门要按照职责分工认真履行自己的职责，严肃认真查处相关违法违规行为，如跨境采矿、非法转让采矿权、非法占用林地、违反安全生产规定等，严厉打击乱挖滥采的行为，同时要加强监督检查力度，特别是对于库存要时常稽查核对。

另外，政府应该建立合适的执法监督机制，加大矿产资源督查的执法力度。

二　加大宣传工作，强化纳税筹划意识

首先，要加强税法等法律的宣传力度，提高企业财务及高层管理人员的纳税意识。建立健全财务管理制度，规范财务核算流程及方法。

其次，要提高矿产企业的纳税筹划意识。企业管理层

应提高纳税筹划的意识和主动性,带领企业营造良好的纳税筹划的工作氛围;鼓励支持纳税筹划人员制定有利于企业的纳税筹划方案,并督促方案的有效实施。

三　按税种规划纳税筹划方案

(一) 资源税纳税筹划

税收制度改革以后,资源税对矿区的自然资源的开发利用起到了更加积极的引导作用。从价计征意味着矿产品的售价越高,其企业的销售收入越高,同时也会使企业缴纳更多的资源税。这样的计算原则对矿产企业选择富裕又容易开采的矿井、抛弃贫穷又难开采的矿井的现象有了一定的杜绝作用。因为矿产企业开采贫瘠的矿产资源时,收入虽然会减少,但资源税的缴纳负担会相应减轻。根据限额扣除规定筹划资源税时,按照发生额的60%计算扣除。就资源税从价计征而言,矿产企业应对的最直接的方法就是提高采矿效率、增加产量输出,具体做法有利用高科技采矿工具、提高资源利用率、杜绝资源浪费等。

例3—1:某市区煤炭行业资源税规定税率为10%,原煤定价为300元/吨。NX煤业公司预计本年度对外销售原煤400万吨,自用50万吨。按照资源税征收管理内容的相关规定,自用的矿产品应该视同销售,同时缴纳相应资源税。由于原煤当中还含有许多杂质,无法满足该企业自用的需求,因此NX煤业公司决定把自留用的原煤进行加工以满足生产生活用煤的要求。在计算 NX 煤业公司的资源税时，该市的煤矿加工产品的综合回收率是 80%。经过多方面综合测算，最后国家确认行业综合回收率为 65%，两个回收率之间的差异为资源税纳税筹划提供了条件。相关计算如下：

应纳资源税总额 = 400 × 300 × 10% + 50 ÷ 65% × 300 × 10%

＝ 14307.7（万元）

实纳资源税总额 = 400 × 300 × 10% + 50 ÷ 80% × 300 × 10%

＝ 13875（万元）

因此，资源税节约额 = 14307.7 − 13875

＝ 432.7（万元）

可抵扣所得税额 = 432.7 × 25%

＝ 108.2（万元）

增加的税后利润 = 437.7 − 108.2

＝ 324.5（万元）

由此可见，选择合适的纳税筹划方案，有利于获得高额的节税收益。

(二) 企业所得税纳税筹划

根据《中华人民共和国企业所得税法》，企业应该最大限度地把固定资产的折旧费、无形资产的摊销费、业务宣传费等费用作为企业成本费用核算，在纳税前进行扣除，以减轻企业所得税的负担。常见的固定资产折旧最低年限见表 3—1。

首先,由于矿产企业外购材料很少,基本就是一些大型的开挖机器和设备,因此矿产企业可以对固定资产重新选择加速折旧的方法,减少闲置资金存在,以降低所得税。

表 3—1　　　　　常见的固定资产折旧最低年限统计表

固定资产种类	折旧最低年限（年）
电子设备	3
除飞机、火车、轮船外的运输工具	4
与生产经营活动有关的器具、工具、家具	5
房屋、建筑物	20
其他生产设备	10

资料来源:《中华人民共和国企业所得税法实施条例》。

通过例 3—2 来直观感受不同的折旧方法对企业税负的影响。

例 3—2：M 煤炭公司预计在 2019 年度外购一批价值为 1000 万元,预计残值率为 5% 的采煤机(属于其他生产设备,由表 3—1 可知最低折旧年限是 10 年),不同的折旧方法计算出的折旧额如下:

(1) 平均年限法

$$年折旧率 = (1 - 5\%) \div 10 \times 100\%$$
$$= 9.5\%$$
$$年折旧额 = 1000 \times 9.5\%$$
$$= 95（万元）$$

每年可抵扣企业所得税额 = 95 × 25%

$$= 23.75（万元）$$

(2) 双倍余额递减法

$$年折旧率 = 2 \div 10 \times 100\%$$

$$= 20\%$$

第9年、第10年的折旧额 = (167.77 − 1000 × 5%) ÷ 2

$$= 58.885 \text{ 万元}$$

用双倍余额递减法计提的年折旧额见表3—2。

表3—2　　　　　　双倍余额递减法下计提的年折旧额

折旧年（年）	年初账面价值（万元）	折旧率（%）	年折旧额（万元）	抵减所得税额（万元）
1	1000.000	20	200.000	50.000
2	800.000	20	160.000	40.000
3	640.000	20	128.000	32.000
4	512.000	20	102.400	25.600
5	409.600	20	81.920	20.480
6	327.680	20	65.536	16.384
7	262.144	20	52.429	13.107
8	209.715	20	41.943	10.486
9	167.772	0	58.885	14.721
10	108.887	0	58.885	14.721

资料来源：笔者自制。

(3) 年数总和法

用年数总和法计提的折旧额见表3—3。

表3—3　　　　　年数总和法下计提的折旧额

年份(年)	原值减预计净残值(万元)	折旧率(%)	年折旧额(万元)	抵减所得税额(万元)
1	950.000	18.1	172.727	43.182
2	950.000	16.4	155.455	38.864
3	950.000	14.5	138.182	34.545
4	950.000	12.7	120.909	30.227
5	950.000	10.9	103.636	25.909
6	950.000	9.1	86.364	21.591
7	950.000	7.3	69.091	17.273
8	950.000	5.5	51.818	12.955
9	950.000	3.6	34.545	8.636
10	950.000	1.8	17.273	4.318

资料来源：笔者自制。

对比三种折旧方法可知，在第一年计提折旧时，平均年限法下的节税收益为23.75万元，双倍余额递减法下的节税收益为50万元，而在年数总和法下的节税收益为43.182万元，说明固定资产不同折旧方法的选择，可以为企业带来的节税优惠具有差异性，选择加速折旧可以减少矿产企业闲置资金，降低所得税。

其次，为了应对资源枯竭的问题，矿产企业会为了转型而对新技术、环境保护等项目进行投资，按规定，对其所取得的收入可以按照相关比例进行抵扣，没必要纳入应纳税所得额的计算之中，或者选择较低税率来降低税负。

再次，可以选择进一步增加高新技术和高新产品的研发费用的抵扣比例。

最后，企业的财税人员应该充分利用税法，结合企业的情况做出最有效的节税方案选择。例如，在签订合同时，可以选择分期收回销售收入，从而将全部收入均分到当期及以后年度，达到降低当期所得税的目的。

（三）增值税纳税筹划

矿产企业不可直接抵扣的进项税额有应付职工薪酬、安全费用及摊销的采矿权费用，而产品成本构成中的外购原材料、低值易耗品和电力所形成的可抵扣的进项税额相较于企业销售矿产品所形成的销项税额非常少，所以矿产企业的增值税税负较高。

因此，关于增值税纳税筹划的具体操作如下。

一是增加购进能产生销项税额、抵扣增值税的固定资产，使外购的固定资产的进项税额能够抵扣相当部分的增值税。

二是由于运费需要缴纳9%的增值税，因此在熟悉我国税收政策的规定下，矿产企业的财税人员应该做出决策使运输费用得到最优化，从而有效地减轻矿产企业的增值税税负，促进资源的可持续发展。

三是尽量获取有效的增值税专用发票。很多企业使用不正规的发票，或者使用不可抵扣的普通发票，使企业原本就不多的外购材料产生的增值税进项税额变得更少，使得更多的资金流出了企业，不利于企业长期的、可持续的发展。为了尽可能多地增加增值税进项税额，降低本企业增值税纳税总额，在经营管理中应该做到从办公用品到设备材料采购都要开具规范有效的增值税专用发票。对于低值易耗品，矿产企业可以统计之后多次集中采购，以增加可抵扣的增值税税额。

四是购买、使用高科技设备，降低人工成本。因为在税收法律优惠政策中有规定，外购的材料和机器设备产生的进项税额是可以进行抵扣的。很显然，要是一直使用人力资源，其成本是不可扣除的。因此，矿产企业可以减少人工的使用、多运用设备进行采矿和管理，增加增值税的抵扣，减少纳税总额，降低企业总成本。但是，也要注意，职工薪酬是可以直接进入当期成本和损益的，而机器设备却是因为折旧而分期进入成本损益的，因此矿产企业的财税人员在进行纳税筹划时应该结合企业实际情况，准确核算两种计算成本，做出更加合理有效的经济决策和筹划方案，以满足企业的长远利益。

(四) 培养相关专业性人才

首先，矿产企业应该投入成本为纳税筹划工作人员提供更加专业、系统的培训，改善筹划质量，为企业带来更多的经济利益。因为矿产企业的税收筹划工作具有一定程度的复杂性和特殊性，且纳税筹划专业性人才匮乏，不可能直接聘请专家进行筹划工作。所以，矿产企业应该对纳税筹划人员进行重点培训，以提高纳税筹划人员的专业性。

具体做法就是邀请纳税筹划专业领域里的矿产企业纳税筹划高级专业型人才来企业进行现场教学讲解，深入解读国家出台的最新的相关法律法规，积极支持并鼓励企业的工作人员结合自身的实际工作经验和所在企业的综合情况，最大限度地利用所学的原理知识。

与此同时，大力引进高素质、高专业能力、高操作能力的纳税筹划人才。因为如果企业仅通过培训提高纳税筹划工作的质量，是远远不够的。所以正确的做法就是"两手抓"，既可以提升纳税筹划的有效性、可行性，又可以增强全体财税人员的纳税筹划的意识，培养良好的工作氛围，有效推进矿产企业纳税筹划工作，由此减少矿产企业的纳税总额，降低其成本，增加其经济价值。

目前，随着产业结构的优化，矿产企业的发展空间得到了拓展。但是随着经济全球化的加速，企业之间、国际之间的竞争急剧增加，矿产企业的发展道路和生存空间也受到了冲击，将要面临更大的压力。为了应对这些困难和挑战，我国矿产企业应该保持足够的警觉性，找准时机，找到适合自身发展的新途径。

总体而言，我国矿产企业现阶段的纳税压力相对其他行业来说还是比较大的，亟待运用有效的纳税筹划方案来降低税负，促进自然资源及自然环境的可持续发展，在设计纳税筹划方案时必须深入解读国家关于税收的各种优惠政策，使矿产企业的纳税筹划体系更加全面化、系统化。

第四章

白酒企业纳税筹划分析

近年来,为了保障国家的粮食安全和人们的身体健康,国家先后出台了一系列政策对白酒企业的发展进行限制。

白酒行业属于限制性行业,因此,国家对白酒企业征收高额税金,这对白酒企业造成了很大的压力。随后国家又出台了一系列加强白酒企业税收征管的政策。随着国家对税率的调整和税收征管政策的不断改进,白酒行业和其他的行业相比,一直承担了更多的税收负担。

白酒企业承担的税种多样,除了消费税、企业所得税以外,还有一定数量的增值税、城建税、教育费附加等。白酒企业承担的税负在其应纳税所得额中占有较大的比例,且贯穿了其生产流通的多个环节,这无疑会影响白酒企业的长期发展,影响其未来的战略规划。因此,通过合理的纳税筹划以适当降低税收的成本成为白酒类生产企业的必然选择。

白酒企业在生产流通的多个环节中涉及了不同类型的税种，这些税种无疑加剧了白酒企业的税收负担。因此，需要从不同税种的角度来考虑白酒企业的税收筹划，尽可能全面地将影响白酒企业税收筹划的各个因素纳入考虑范围。在白酒企业总税负中，消费税占据较大的比重，所以白酒企业要重点关注消费税的纳税筹划。此外，白酒企业的增值税、企业所得税、印花税等也是需要重点研究的。只有这样，才能实现白酒企业税收筹划的科学性、严密性，实现白酒企业税后收益最大化，减轻白酒企业的经营成本，促进其长期发展。

本章接下来会从我国白酒企业税务情况的发展状况着手，对我国白酒企业纳税筹划进行多维度分析，阐述白酒企业纳税筹划相关理论，有针对性地分析白酒上市公司纳税筹划的现状，找出我国白酒企业税收筹划存在的问题并提出建议。

第一节　我国白酒行业发展历程及税收负担情况回顾

一　白酒行业发展历程

改革开放以来，我国白酒行业进入快速发展期，随着人民生活水平日益提高，人均国内生产总值以及可支配收入的大幅度提升，在一定程度上也带动了白酒的生产及其销售价格的上涨。虽然其间也经历了多次调整,但白酒行业始终保持了稳步向前发展的态势,特别是业内的龙头企业得以快速成长并不断发展壮大。自1985年起,我国白酒行业的发展历程可以划分为七个阶段,具体见表4—1。

表4—1　　　　　　　　　我国白酒行业发展历程

时间	所处阶段	具体表现
1985—1988年	繁荣发展时期	白酒的供应量远不能满足我国居民的消费需求,为解决供求矛盾,国家按照"以放为主"的思路进行改革,不断减少价格控制,陆续放开了包括部分名酒在内的大多数农副产品购销价格,白酒行业进入市场化定价阶段
1989—1991年	处于调整时期	为抑制1988年年末逐渐开始显现的通货膨胀,国家从1989年开始对宏观经济进行"治理整顿",实行适度从紧的货币政策,白酒行业处于调整时期
1992—1997年	快速发展时期	1992年,邓小平"南方谈话"推动了新的改革发展热潮,白酒行业进入新一轮快速发展期
1998—2002年	再遇调整期	1997年爆发的亚洲金融危机,使白酒行业在宏观环境上面临较大的经营挑战;同时,国家出台了一系列白酒产业政策,如推出白酒生产许可制度、从价和从量复合计征白酒消费税、白酒广告宣传费不予在税前扣除等,对以中低端产品为主的白酒企业造成了较大冲击

续表

时间	所处阶段	具体表现
2003—2012 年	黄金发展时期	2003—2012 年，我国 GDP 从 13.66 万亿元增长至 53.41 万亿元，年复合增长率超过 10%，在宏观经济的快速增长带动下，白酒行业实现了十年的"黄金"发展期
2013—2015 年	深度调整期	中国宏观经济再次进入结构调整期，同时国家相继推出"八项规定""六项禁令"等一系列限制"三公"消费的政策，严格禁止公款消费高档酒
2016 年至今	复苏回暖期	2016 年下半年起白酒行业开始复苏，终端用户白酒消费需求有所上升，带来白酒行业整体收入和利润有所增长；2017 年以来，白酒销售整体呈现量价齐升的局面，中高端白酒复苏回暖较为显著

二 历年来白酒产品税负的变化情况

（一）白酒产品税阶段

1985 年财政部和国家税务总局发布《酒类产品税征税办法》，白酒开始缴纳产品税，税率为 50%。在此之前，白酒产品只需缴纳工商税。

（二）分税制改革

1994 年分税制改革以后，白酒的产品税成为历史，国家对白酒同时征收增值税和消费税，消费税的税率为 25%，增值税的税率为17%。但是其实际税负并不比之前高很多，因为白酒行业可以享受增值税进项税额抵扣和外购原材料进一步深加工的政策，可以抵扣其所纳消费税税额。1995年国家税务总局规定：酒类企业的当期销售额应包括其包装物押金，但不包括啤酒与黄酒的包装物押金。

(三) 广告宣传费税前扣除

为了限制白酒行业的过度发展，自1998年起，财政部和国家税务总局规定粮食类白酒生产企业不得在税前扣除其广告宣传费。2000年，财政部和国家税务总局规定在每一纳税年度，企业广告费用少于销售收入2%的，可以按照实际情况扣除，而超过的部分可以向以后年度无限期结转。但是，粮食类白酒广告费不适用这个政策。这一规定抑制了白酒企业的经营活动，使得许多白酒企业的收益明显回落。这也使得许多白酒企业的经营者开始理性地调整企业的经营方式，合理安排企业的广告费用支出，以抵消新的税收政策带来的冲击。

(四) 白酒产品的复合计税

2001年，为了缓解我国粮食生产的压力，减少中低档白酒生产，推动我国国民经济健康发展，财政部和国家税务总局将白酒的计税方式由比例税率改为采用定额和比例税率复合征收。

这项政策使得主要以外购酒来生产勾兑酒的白酒企业的生产成本大大增加。与此同时，使得生产低档酒的中、小企业受到较大的负面影响，而生产高档酒的白酒企业只能改进生产技术与产品结构来应对市场带来的冲击。

（五）税率统一阶段

2006年，财政部和国家税务总局将粮食类白酒税率和薯类白酒税率统一为20%。这项政策促使白酒企业调整其生产经营结构，生产中高档粮食白酒产品。

（六）"两税"合并阶段

2008年，国家开始实行税制改革，将"两税"（内、外资企业所得税）合并，降低了白酒企业的税收负担。与此同时，国家继续支持和引导优势白酒企业的发展，促进白酒行业的资源整合。

三　白酒行业税收征管情况

2002年以前，为了解决白酒企业与关联企业之间利用内部转移定价减少应纳税款的问题，有三种措施，一是按照独立企业之间完成相同的经济业务所需的价格水平征税；二是按照与没有关联关系的第三方进行交易所需的价格所取得的收入征税；三是在白酒企业的生产成本的基础上，加上符合市场规律的利润对价格进行合理调整。

2002年以后，国家税务总局要求各地按照法规规定的计税价格调整方法，对白酒类产品消费税应纳税所得额进行灵活调整，企业需补缴应交的消费税，与此同时，提出"品牌使用费"征税问题。之后为继续打击企业避税行为，国家税务总局还出台了一系列白酒消费税规定以约束企业的行为。

第二节 我国白酒行业纳税筹划的环境

白酒企业的生存和发展依赖其所处的环境。白酒企业纳税筹划是在以合法性为基础的前提下，为了实现税后收益最大化而采取的一种策略。但是，企业的纳税筹划是一定环境下的产物，国家的经济政策、法律法规以及企业自身的生产经营情况等都会影响白酒企业纳税筹划的效果。因此，我们需要重视白酒行业纳税筹划的环境分析。

一 法律环境分析

从我国的税收政策中可以看出，白酒行业并不属于国家鼓励发展的产业，白酒企业普遍存在着较高的税负压力。白酒企业在生产经营中涉税范围广，涉税环节多。涉及的税种主要有消费税、增值税、企业所得税、城市维护建设税、城镇土地使用税、印花税、房产税、教育费附加等。涉税环节主要包括采购、生产、销售环节以及筹资、发放工资、分配利润等环节。随着我国经济的不断发展，国家对白酒行业的税收政策也越来越详细和完善，对白酒消费税计税模式和最低计税价格的调整，进一步加强了对白酒行业的监管力度和企业税负。2012年颁布的"禁酒令"和限制"三公消费"的规定,也对白酒行业带来了不小的冲击。因此,为了降低成本,扩大利润空间,纳税筹划则成为白酒企业必然的选择。

二 社会文化环境

随着人们生活水平不断提高,人们越发注意与日常生活息息相关的两个基本问题:食品安全与饮食健康。少量、适当饮酒的观念开始深入人心。随着社会的变革,互联网和信息全球化的发展也在潜移默化地影响着人们的消费行为,现在人们不仅追求消费品的实用性,还追求其时尚性,特别是很多年轻人追求个性化消费,也使白酒行业的发展受到了一定的阻碍。所以,处于新时期下的白酒企业如何使自己适应消费者的需求是一个富有挑战性的问题。

三 技术环境

白酒行业作为我国传统的特色产业,由于历史的积淀,已经具备较成熟的技术,与此同时,随着科学技术的日益进步,机械设备、生物信息技术和新材料在白酒行业得到广泛运用,为白酒行业的发展提供了技术支撑,提高了白酒行业的技术含量。

第三节 我国主要白酒上市公司近几年部分主要税负的基本情况

因为白酒企业普遍存在着较高的税负压力，在遵循同样的纳税政策下，选取贵州茅台股份有限公司等具有一定代表性的大中型白酒企业进行企业所得税等税种的税负测算与分析，以便为白酒企业纳税筹划提供一定的思路。

表4—2　贵州茅台股份有限公司2015—2018年部分主要税负情况

项目	2015年	2016年	2017年	2018年
营业收入（元）	32659583725	38862189993	58217861314	73638872388
营业收入增长率（%）	34	19	50	26
主营业务收入（元）	32654046822	38840974605	58168590292	73564669948
营业利润（元）	22158991962	24265625169	38940007533	51342987681
营业利润增长率%	0.25	10	60	32
消费税额（元）	2485935914	5095080636	6378963140	8601702801
消费税增长率（%）	29	105	25	35
消费税占营业收入比（%）	8	13	11	12
城市维护建设税（元）	503497677	776566461	1046265306	1439398952
企业所得税（元）	5546718336	6027237847	9733648906	12997985690
企业所得税占营业利润比例（%）	25	25	25	25

资料来源：2015—2018年贵州茅台股份有限公司财务会计报告。

表4—3　安徽口子窖股份有限公司2015—2018年部分主要税负变化情况

项目	2015年	2016年	2017年	2018年
营业收入（元）	2584012482	2830178670	3602647169	4268964661
营业收入增长率（%）	14	10	27	18
主营业务收入（元）	2539863875	2781011789	3548649701	4222029196
营业利润（元）	820327598	1060040290	1560736359	2059825608
营业利润增长率（%）	46	29	47	32
消费税额（元）	335287138	366304813	486287959	549528083
消费税增长率（%）	14	9	33	13
消费税占营业收入比例（%）	13	13	13	13
城市维护建设税（元）	43767287	49147827	56978021	51713951
企业所得税（元）	214930653	276576109	447619672	527954170
企业所得税占营业利润比例（%）	26	26	29	26

资料来源：2015—2018年安徽口子窖股份有限公司财务会计报告。

表4—4　五粮液股份有限公司2015—2018年部分主要税负情况

项目	2015年	2016年	2017年	2018年
营业收入（元）	21659287359	24543792660	30186780409	40030189599
营业收入增长率（%）	3	13	23	33
主营业务收入（元）	21553595897	24424398986	30043537460	39823798827
营业利润（元）	8246237394	9230905193	13374535185	18718393264
营业利润增长率（%）	2	12	45	40
消费税额（元）	1261891245	1339657378	2643540963	4651541239
消费税增长率（%）	19	6	97	76

续表

项目	2015 年	2016 年	2017 年	2018 年
消费税占营业收入比例（%）	6	5	9	12
城市维护建设税（元）	282524944	310017169	449030847	449030847
企业所得税（元）	1877009646	2280645088	3305718978	4568172529
企业所得税占营业利润比例（%）	23	25	25	24

资料来源：2015—2018 年四川宜宾五粮液公司财务会计报告。

从以上三家企业的税负情况可以看出，2015—2018 年贵州茅台公司消费税上营业收入的比例处于 8%—13%，年均消费税税负率为 11%，年均消费税税额为 56.4 亿元；年均企业所得税占营业利润的比例为 25%，年均企业所得税税额为 85.77 亿元。安徽口子窖公司从 2015 年到 2018 年，年均消费税税负率为 13%，年均消费税税额为 4.34 亿元；年均企业所得税税额为 3.67 亿元，年均企业所得额占营业利润的比例为 26.75%。四川宜宾五粮液公司从 2015 年到 2018 年，年均消费税税负率为 8%，年均消费税税额为 24.7 亿元；年均企业所得税占营业利润的比例为 24.25%，年均企业所得税税额为 30.08 亿元。

2016 年，贵州茅台公司率先开始走出行业发展的低迷期，消费税税额也较上年有了大幅提升，消费税增长率达到 105%；四川宜宾五粮液公司在 2017 年消费税税额有了大幅提升，消费税增长率达到97%；安徽口子窖公司也是在2017年消费税税额有了较明显的提升，消费税增长率达到33%。

白酒行业的龙头企业贵州茅台公司和四川宜宾五粮液公司在2017年和2018年，主营业务收入得到了显著增长，相应地，企业所得税税额也大幅增加。安徽口子窖公司在此期间，主要业务收入和企业所得税税额也有一定的增长，但是增幅明显小于龙头企业。

从上述的计算分析情况来看，白酒行业的税负压力很大，特别是企业所得税占营业利润的比例较高，并且随着白酒销售情况的好转、企业主营业务收入的增加，企业所得税和消费税税额随之出现了大幅增长，企业的纳税负担越发沉重。在白酒企业众多，企业相互之间竞争激烈的情况下如何取得足够的优势，获得利润是白酒企业目前亟须解决的问题。企业纳税筹划给白酒企业提供了新的思路。

第四节　白酒企业纳税筹划的条件

纳税筹划能给白酒企业带来直接与间接的收益，因此白酒企业多数有进行纳税筹划的意愿。然而仅仅具有意愿是不够的，白酒企业税务筹划要想获得成功必须具备一定的条件。

一 白酒企业纳税筹划人员需要相应知识储备

白酒企业纳税筹划人员必须具备较强的综合素养，掌握税法、财务知识。白酒企业只有知晓合法和非法的区别以及二者的界限，才能制定合理的纳税筹划方案，使其不至于违反法律法规。也只有对这些知识有比较全面的掌握和理解，才能针对相应的生产经营活动采取相应的措施减轻税负。当白酒企业内部财税管理人员不符合要求时，可以从外部聘请专业人士来协助白酒企业做出决策。

二 白酒企业规模需达到一定水平

纳税筹划活动需要付出时间、货币等成本，当白酒企业生产经营规模和收入规模达不到一定水平时，通过纳税筹划而减少的应纳税额可能会低于其为纳税筹划所付出的代价，因此白酒企业应在对本企业定位清楚的条件下，选择是否进行纳税筹划活动。

第五节 白酒企业纳税筹划的路径

一 转让定价

转让定价是我国白酒企业最常用的节税方式。因为我国酒类产品主要在生产和委托环节征收消费税。因此，我国的白酒企业往往会单独设立白酒产品销售公司将白酒以较低的价格转让给销售公司,而白酒销售公司再以市场价格将白酒出售,这样,利润就从需要缴纳较高税额的企业转移到缴纳较低税额的企业,降低了白酒企业消费税、增值税的应纳税所得额,同时通过向关联销售公司转移一部分利润,降低了企业所得税。在我国,通过关联销售公司制定内部转移价格的方式来节税的现象普遍存在,有些白酒企业甚至设立多个关联销售公司来节税。

二 调整产业结构

白酒企业往往根据国家的产业政策,在符合企业实际情况的前提下,对企业生产经营结构做出合理的调整。当白酒企业的生产经营结构符合国家的要求时,能获得政策层面的支持,从而获得更多的收益,更加快速抢占市场的先机。但是调整生产经营结构需要白酒企业调整其长期规划,需要花费的成本比较高,且所需时间比较长,所以白酒企业在使用这个方法时要充分考虑效益原则。

三 利用税收优惠政策

税收优惠政策是国家对特定地区或者企业施行减少应纳税额、免征税的政策。若税收优惠政策的适用范围越广,税率差异越大,则白酒企业可以减少应纳税额的方式越多,纳税筹划的可行性越大。白酒企业往往通过研究国家的税收优惠政策,调节企业的生产经营行为,使得本企业符合税收优惠政策的条件。

四 延期或分期纳税

延期纳税技术是指在不违反税收法律的情况下，使纳税人通过延期缴纳税款而取得相对收益的纳税筹划技术。白酒企业可以根据自身的纳税期和纳税申报日，合理利用税务机关规定纳税期限，通过延期开票或延期发货等方法来延迟纳税申报和缴纳税款的日期，以取得货币时间价值。白酒企业还可以在销售环节延迟对收入的确认来达到延期纳税的目的。这样不仅能够让企业调动更多的资金投入在后期的经济发展上，还可以在合理地延期分期的同时也能让纳税人对企业自身的损益情况有清晰的认识，在后期的生产中能够做出有效的预判和防范。

白酒企业通常在多个城市设立具有独立核算功能的中转仓库和销售公司。为了方便白酒在不同的地区调度，往往由销售公司负责中转仓库的管理。当白酒企业把货物发出时，因为白酒所有权进行了转移，所以白酒企业视同销售缴纳消费税。而实际上白酒一般需要储存一段时间后才能实现销售，因此，企业相当于在白酒真正实现对外销售之前，就已经缴纳了消费税，这对白酒企业来说，丧失了一定的货币时间价值，无疑是不利的。所以为了延迟缴纳税款，中转仓库应该归白酒企业管理，当白酒企业发出白酒时，白酒的所有权也就没有发生转移，可以不做视同销售处理，消费税也不需要缴纳。

《财政部　国家税务总局关于非货币性资产投资企业所得税政策问题的通知》（财税〔2014〕116号）规定，允许居民企业以非货币性资产对外投资确认的非货币性资产转让所得，可在不超过五年期限内，分期均匀计入相应年度的应纳税所得额，按规定计算缴纳企业所得税。例如，假设A公司技术成果投资入股的公允价值确认为1200万元，其取得成本为400万元，不考虑其他相关税费，则该企业以技术成果对外投资，应对技术成果进行评估并按评估后的公允价值扣除计税基础后的余额，计算确认其转让所得。计算出的技术成果转让所得为1200－400＝800（万元）。按照财税〔2014〕116号文件的规定，这800万元可以不直接计入出资当年的应纳税所得额，而可以将800万元所得在不超过5年的期限内均匀计入投资企业相应年度的所得，与各自相应年度的其他所得汇总合并确定其应纳税所得额。在所得分期的基础上，企业享受到了相当于分期缴纳税款的好处。这里存在一个技术性细节在政策上未得到明确，企业对外出资很难恰好在年初进行，假设上例中的出资行为发生在2015年7月，企业选择按照5年均摊这部分技术成果转让所得，那么2015年度是分摊全年160万元，还是只分摊半年80万元的技术转让所得呢？如果按照前者，则2015—2019年分摊的年度所得均为160万元；如果按照后者，2015—2020年分摊的所得分别为80万元、160万元、

160万元、160万元、160万元和80万元。显然，前一种处理方式更为合理。

五 税负转嫁

税负转嫁就是税收额的二次分配，它是一个客观的经济活动必须经历的过程，通过对企业产品价格的变化来进行，达到自身利益的最大化。

税负转嫁对产品的影响最大，不仅影响产品的销售价格，而且对产品的成本价格也有一定的影响。间接税的引入或多或少与税收额的转移有关，税收额以不同的方式转移到其他项目或消费者。但是并非所有公司都能够做到这一点，对于白酒企业来说，税收转移的实施更容易，因为白酒在市场经济中具有垄断性。税负转嫁有前转、后转、混转这三种形式，白酒企业税负较高时，通过提高白酒销售价格的方式，将一部分税收额转嫁给下游的消费者承担。或者通过降低白酒生产原材料价格的方式，使得上游的售卖者承担一部分税收负担。对于某些高端白酒来说，因为需求价格弹性较小，消费者对价格变动的敏感程度不大，所以将销售价格提高不会造成很大的影响。

2009年出台的《白酒消费税最低计税价格核定管理办法》（以下简称《办法》），在一定程度上能有效遏制白酒企业借助关联交易任意规避纳税义务的现象。虽然《办法》为白酒公司的相关交易画出了警示线，但并没有完全解决白酒公司的相关交易，白酒公司使用相关交易以避免消费税的可能性依然存在。在2009年以后，许多白酒企业（特别是大众型白酒企业）通过建立两个甚至多层次的分销公司，开发出一种避税的新方法。由于白酒企业给销售单位的出厂价不得低于销售单位对外售价的70%，否则需要进行税务审计，如果直接为白酒企业购买白酒的销售单位降低了外部价格，那么白酒企业的最低出厂价也可能下降。因此，通过设立二级或多级销售公司，将白酒以低价酒类出售给第一级经销商（不违反应税最低价格方法），后者将低价卖给第二级经销商。例如，销售单位对外销售的白酒价格为100元/瓶（不含税，下同），根据目前的政策，白酒生产企业出售给销售单位的价格一般不得少于70元，否则面临计税价格核定。如果白酒企业设立了二级销售单位，一级销售单位对外售价降为80元，二级销售单位再加价对外售出100元，这样，生产企业给一级销售单位的出厂价就可以降到56元（80×70%），进而达到降低税负的目的。

第六节　案例分析：W公司的纳税筹划

我国的白酒行业既有发展的辉煌时期，也经历过低谷阶段，2012年年末国家发布的"禁酒令"以及限制"三公消费"使白酒行业进入一个调整阶段。2013年开始，白酒行业开始了行业性的深度改革，但是到 2014 年依旧无实质性好转，只有小部分上市公司能在不景气的白酒行业中获得微利，大部分四川白酒公司的产品销量和利润均有大幅下滑。白酒企业为了解决这种情况，做出了相应的措施，比如降低高端白酒的价格、开拓中低端酒销售渠道以获得更多的消费者，利用网上在线交易售卖白酒。这一切的行动表明了白酒企业应对行业寒冬的决心，2016 年后，白酒销售开始回暖。

虽然白酒行业经历了五年调整期，但白酒行业的发展并不是完全止步不前，四川白酒产量也保持小幅度增长。

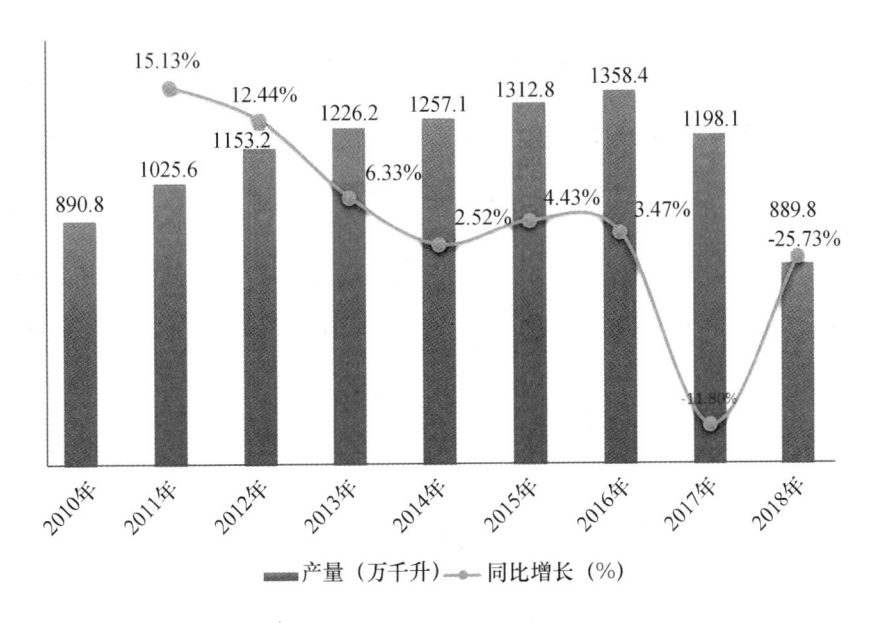

图 4—1　2010—2018 年中国白酒行业产量及增长

资料来源：2010—2018 年《中国糖酒年鉴》。

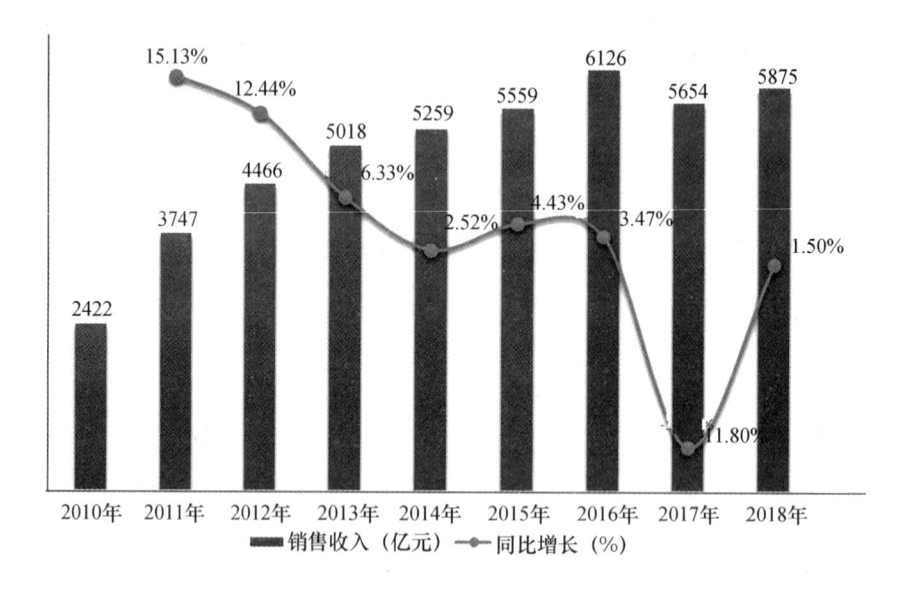

图 4—2　2010—2018 年中国白酒销售收入及增长

资料来源：2010—2018 年《中国糖酒年鉴》。

从 2016 年到 2018 年，白酒消费收入有所增长。因为消费者消费观念随着时代在转变，消费档次也越来越倾向于高端白酒。所以在未来，白酒行业需要利用消费升级作为其发展的着力点。W 公司需要把握机遇，通过提升白酒的品质、实行差异化战略细分市场、加强产品创新等手段，更好地适应消费需求，推动新一轮产品结构升级优化。

一　W 公司的税务活动分析

（一）品牌延伸

为了盘活存量产能，追求更多的利润，W 公司多年来推行 OEM 战略，推出了众多系列酒、百余个子品牌，这百余个子品牌绝大部分都处在成长的阶段,需要"W牌"给予支持。这些品牌之间不具有明显的差异性,产品受众的范围、产品的设计大致相同,所以它们处在同一个市场空间。W公司的这种模式主要产生了两个方面的影响:一是W公司的授权对象有了属于它自己的品牌,并且逐渐成长壮大,内部竞争激烈,导致消费者认知混乱。二是竞争者纷纷效仿W公司的模式,引起了白酒行业品牌延伸的热潮,加剧了白酒行业的竞争。最终导致W公司资产价值被其延伸品牌透支,W公司对其子品牌控制的弱化,市场地位岌岌可危。

出于巩固主要品牌的战略地位以及稳固市场的目的,W公司进行了一系列品牌调整,有的经销商品牌被取消,这给公司带来了一定的市场回暖和产品聚焦。

(二)促销活动

W公司的传统是在节假日推出促销活动,劳动节、国庆节、春节等节假日都会通过将白酒进行套装礼盒售卖的方式进行促销。

二 W公司的纳税筹划方案

(一)消费税纳税筹划策略

白酒类企业通常采用设立关联销售企业的方式节税。W公司下属的进出口公司负责W牌酒的售卖,通过以低廉的内部价格从W公司处获得白酒,再以高价对外出售,由此,实现了W牌白酒销售的转让定价。2009年,××W酒类销售有限责任公司成立，W 公司持有其 80% 股份，这家公司的成立为 W 牌白酒销售的转让定价提供了渠道，规避消费税。

根据国家政策规定，除啤酒、黄酒以外的酒类收取的包装物押金，无论其是否返还，在当期，押金要并入销售额中征税，因此，这会扩大消费税的计税基础，而且包装物的支出对 W 公司来说是一笔很大的支出。W 公司对此采取了相应的举措，设立相应负责销售包装物的集团子公司，将白酒与其包装物分开销售，使其成为相互独立的两笔销售业务，这样可将包装物的价值排除在白酒产品的销售额外，减少消费税税负。

W 公司通过减少外购，依照可预见的期限内的需求量，将生产链上的一些加工企业进行收购，使 W 公司实现从基酒、酒精到白酒成品的连续生产，减少消费税，达到节税的目的。

根据税法规定，有出口经营权的外贸企业购进应税消费品直接出口，适用出口免税并且退税。一般的商贸企业，出口应税消费品既不免税也不退税。W 公司通过设立进出口公司进行关联交易，经营和代理酒类及其他商品进出口业务。因为进出口公司具有出口经营权，所以其从 W 公司购买白酒，再将白酒出口，可以享受出口退税的政策。最后，W 公司不仅可以通过转让定价减少在国内销售缴纳的消费税，还可以在出口时规避消费税。

因为白酒产品是复合计税，而其他酒类产品适用的税率低于白酒，且只需缴纳从价税，所以W公司顺势调整产品结构，将产品升级，推出一些中高档酒或者果酒产品，例如，W公司推出果酒产品和保健酒，将酒产品适用的从价税率降低，同时避免缴纳从量税。

（二）企业所得税纳税筹划策略

国家政策规定，自2011年1月1日至2020年12月31日，对设在西部地区的鼓励类产业企业减按15%的税率征收企业所得税。然而白酒行业并不属于鼓励类产业，所以W公司要争取这个优惠税率是比较困难的。因此W公司首先设置了经营范围与其不完全一致的子公司，这些子公司不被国家限制发展，因此可以争取享受西部的优惠税率。

其次，W公司从W集团处购买原材料，向W集团支付巨额费用、资产置换等方式实现利润的转移。W公司还通过设立销售子公司，将产品以低价转移给关联低税率销售子公司。

再次，W公司设立印刷厂为子公司，印刷厂广告宣传费不必受白酒企业广告宣传费不得在税前扣除的限制。另外，不仅将"W"这个主品牌市场营销费用转移给下游的经销商承担，还将其延伸品牌如"×××"等的营销费一并转移，针对这部分费用，给经销商一定的补偿，并且经销商可以利用"W牌"的品牌影响力售卖商品获得收益，因此经销商也愿意承担这部分费用。通过这种方式，W公司可以降低企业所得税的纳税基础，实现节税。

最后，企业有两种融资方式，分别是债务融资和所有者权益融资，债务融资成本高于所有者权益融资成本。但在一定数额内的债务融资成本准予在税前扣除。从2015年到2018年，W公司适度提高了企业债务融资的比例，公司的资产负债率由13%逐年上涨到24%，股东权益比率由86%下降到75%。由此，增加了税前可以扣除的债务融资成本，减少了企业所得税的应纳税所得额，从而降低了企业所得税，起到了节税的作用。

（三）增值税纳税筹划策略

当W公司将市场营销费转移给经销商承担时，经销商需要付出的成本增多，W公司做出一定的价值补偿，在产品价格上做出一定的让步，以弥补经销商负担的相关的市场营销费。由于这种费用的转嫁方式，导致了白酒产品销售价格降低，将一部分增值税转移给了经销商负担。经销商进价的降低会导致可以抵扣的进项税额减少，相当于经销商负担了厂家的一部分增值税。

在白酒产品的销售过程中会产生一定运费，这部分费用会计入增值税计税基础中。W公司通过提货制的方式，使原本由企业承担的运费转移给经销商，适当给予让价以补偿经销商。这样，相关税负被转移给经销商，W公司的增值税计税基础降低。

第七节　制约白酒企业纳税筹划的因素及提高纳税筹划水平的建议

一　白酒企业纳税筹划的制约因素

（一）对纳税筹划的认识不到位

因为纳税筹划在我国的起步较晚，这就导致白酒企业相关人员在纳税筹划时普遍存在以下问题：对纳税筹划的理解不够深刻、存在误解。将纳税筹划与偷税、避税等同，特别在一些生产经营规模较小的白酒企业里很常见。甚至某些白酒企业认为纳税筹划就是不符合法律规定的，会增加本企业的风险，所以当提及纳税筹划时，往往避之不及。此外，纳税筹划并不是一项简单的工作，而是系统的、专业的、复杂的筹划。纳税筹划往往需要投入许多精力，会增加白酒企业的经营成本，所以某些白酒企业认为纳税筹划没有必要，也就不会选择进行纳税筹划。

（二）缺乏专门的纳税筹划人才

许多白酒企业认为纳税筹划仅仅是会计核算的一部分，认为本企业的财会人员熟悉本企业与本行业的总体情况，将纳税筹划的工作交给财会人员完成。然而纳税筹划需要很强的专业性与丰富的知识面，这就要求进行纳税筹划的人员不仅需要熟悉会计方面的知识，还要掌握税法方面的相关知识，具有较强的综合能力。白酒企业的财会人员不一定具有这种整合财税知识的能力，且由于他们与白酒企业的利益具有关联性，再加上自身知识具有局限性，很可能导致其在制定纳税筹划方案时，不能进行各方面因素的综合考虑或者为了实现自己的利益，不惜制定具有涉税风险的方案。

成功的纳税筹划对白酒企业有重要的意义，不仅能使白酒企业整体利益最大化，还是企业长期发展战略中重要的一部分，所以，专门的纳税筹划人才对白酒企业来说是必需的。

(三) 忽视潜在风险

在纳税筹划的过程中，许多因素都会影响纳税筹划方案的实施效果，例如，制定人员的错误估计、客观环境发生变化。所以在纳税筹划的过程中需要充分考虑可能影响纳税筹划方案效果的潜在风险。

当前，我国税收方面的法律法规还不够完善，实体税种的具体条例还不够细致，一些税收程序法还不够详细，这就导致纳税筹划人员难以有效利用税收政策，真正理解法律条文，导致纳税筹划的方案与实际脱节，达不到应有的效果。

与此同时，纳税筹划人员对税收法律的"度"理解不当，在制定具体的方案时可能会做出偏离税收法律政策的决定，这就与纳税筹划的"合法性"原则不相符合。而且不同的人员对税收政策理解上有差异，这就有可能导致筹划人员对纳税筹划与逃税、偷税、骗税等概念分辨不当。然而对这些概念的分辨是否清楚对白酒企业来说是非常重要的，因为一旦被认定为偷税，白酒企业就是违反了相关的法律法规，对企业产生严重的后果。所以纳税筹划人员对税收政策适用范围的不同看法，对税法弹性的理解偏差，都会影响纳税筹划是否能够成功。

可见，在种种偏差存在的情况下，白酒企业的纳税筹划不一定能给企业带来税后利益最大化，有时候还可能会适得其反，使得实施效果与预计的目标相偏离，损害企业利益。

（四）没有考虑企业整体利益

许多白酒企业制定纳税筹划方案时，狭隘地把纳税筹划与少纳税等同起来，认为只要能达到少交税的目的就是成功的纳税筹划。事实上，某些税种税负最小并不一定能带来企业整体税负的最小，因为白酒企业生产经营活动是错综复杂的，不同因素在相互影响着。例如，当白酒企业处于亏损的状态时，为了降级计税价格规避消费税，白酒企业设立独立核算销售部门，将利润转移到销售部门。当合并后，企业总体税负却是增加的。

其次，白酒企业个别税负的最小也不能说明这个方案最适合企业长期的整体战略目标。因此，白酒企业制定纳税筹划方案时，不仅需要考虑某些特定税种税负最小，企业整体税负最小，还要考虑白酒企业的整体利益，从企业自身情况出发，因地制宜，制定适合本企业经营发展的纳税筹划方案。

最后，当白酒企业通过纳税筹划减少了税负成本时，可能导致非税成本增加。因为纳税筹划会带来一些额外的成本，例如，调整生产经营结构会带来其他费用的增加，聘请外部专业税务人员也需要支付一定的费用，实施这些措施反而与白酒企业通过纳税筹划减少税负的目标背道而驰。

（五）税务部门的反避税措施

白酒企业使用纳税筹划来减少应纳税所得额的缴纳，当税负减少幅度较大时，会引起相关税收征管部门的关注。特别是税收征管部门当年所征得税额与计划相比还差时，其会专门研究分析当年所征税额与计划相比减少的原因。当税务部门发现白酒企业通过纳税筹划来大幅度减少应纳税额时，会采取相应的措施来弥补法律上的相关漏洞，使税收负担重回公平分配的状态。例如，首先，税务部门加强税收制度建设，弥补税收征管制度中的缺陷和漏洞，清理或者取消一些不合理的税收优惠政策、限制白酒关联企业之间通过转让定价进行避税。其次，税务部门加强税务管理，通过增强税务稽查的频率和税务处罚力度，拓宽反避税信息的收集渠道，成立专门的反避税小组等来掌握更多的资料。

二 白酒企业提高纳税筹划水平的建议

（一）密切关注税法的变动情况，注重纳税筹划方案的综合性

由于我国的税收政策经常都有新的变动，白酒企业纳税筹划人员应重点关注与行业相关的各项最新的税收法律、法规和政策，及时学习政策变化的相关信息，领会法律法规的要点。在制定企业的纳税筹划方案时，应注重纳税筹划方案的综合性。单一税种筹划方案有可能会造成短视效果，使企业在某个时点，某一税种税负减轻，而导致另一税种税负增加。另外，在进行纳税筹划时，还应综合考虑影响企业利益的其他因素。纳税筹划有助于企业利益价值最大化，但企业利益价值最大化的实现不仅仅只依靠税收成本的节约。在涉及重大战略的时候，短时间有较高的成本是为了将来的战略布局铺垫，有时候一时的税收成本节约反而可能导致企业将来利益的损失。因此，企业在进行投资、经营决策时，应该综合考虑多种因素，以达到总体收益最大化的目的。

（二）完善内部的配套制度

白酒企业内部应完善相应的配套制度，如会计核算制度与风险评估制度，因为这些制度是白酒企业开展纳税筹划的基础。若白酒企业账证不健全，纳税筹划工作将无法完成。若白酒企业存在纳税筹划的风险，这些风险则有可

能会影响纳税筹划的效果，甚至会损害白酒企业的整体利益。与此同时，从信息收集到大致规划、选择适宜方案、方案实施的纳税筹划业务流程制度也应该完善。

（三）加强对企业内部纳税筹划专业人才的培养

白酒企业还应加强对本企业纳税筹划专业人员的培养。对企业的财会人员开展关于税收法律、税收政策、税收风险等方面的培训，使财会人员树立正确的纳税筹划意识。除了税收专业知识以外，还需财会人员对企业的经营结构、发展战略有充分的了解。另外，由于纳税筹划不仅仅只涉及财务部门，还与白酒企业生产、管理、销售等多个部门相关。所以，应加强对白酒企业非财务人员的纳税筹划意识的培养，提高全员依法节税的意识。

（四）关注特定方式下的纳税筹划

白酒企业还应重点关注特定方式下的白酒企业纳税筹划，例如投资融资过程中的税收筹划、固定资产折旧的税收筹划、税收优惠政策下的企业纳税筹划。

白酒企业往往会通过多种渠道进行筹资，在扩大自己的生产规模后，会进行跨行业投资。在融资过程中，白酒企业应该尽量考虑融资渠道的差异化、融资的范围大小等方面。在投资的过程中，应该综合考虑投资的区域与行业，不同的区域与行业所承担的税率可能是不同的。例如，在地域方面，国家对中西部地区实行减税政策，但是，中西部地区的货物运输成本，原材料价格与东部地区有较大的差异。白酒企业对东部高新技术开发区的投资适用低税率。在行业方面，不同的行业因为国家支持程度的不同，税率有所不同。所以，白酒企业在进行投融资的过程中，需要结合自身的发展情况、国家政策等因素，合理选择融资渠道和投资的地区与行业。

白酒生产企业的固定资产占其总资产的比重是较大的，因为固定资产的折旧费用计入白酒企业的成本费用中，所以需要对固定资产折旧的纳税筹划给予重视。第一，使用年限是影响固定资产折旧的重要因素，而使用年限的估计存在主观的因素。因此，白酒企业可以通过缩短固定资产的使用年限，在前期多提折旧，使得一部分企业所得税延后。第二，例如安装费、运费等费用，是企业固定资产入账价值的一部分，而这些费用所提的折旧时间比较长，不利于降低当期的税负。为了获得更多的时间价值，可以将固定资产的小配件单独计价。如果固定资产的投入时间比较长，可以将其完工的部分分批入账。第三，折旧方法也是非常重要的因素。一般情况下，白酒企业可以采用加速折旧法计提折旧，这样，白酒企业相当于获得一笔政府提供的无息贷款。第四，白酒企业还应该根据白酒企业的盈利情况来规划固定资产的折旧。

（五）拓展国际视野，减少企业总体税负

随着"一带一路"倡议的推行，我国的大型白酒企业走出国门参与到全球市场的竞争中。"走出去"的白酒企业将面临不熟悉的市场环境，并且对当地税务部门的税收征管力度缺乏了解。所以，企业应该与当地税务机关保持密切的联系，在处理争议事件时询问当地税务机关的意见，避免税务争端的出现。与此同时，应该借鉴相关跨国企业的经验，建立专门应对国际纳税筹划风险的税务团队，提高应对税务风险的水平，深入了解各国的税收政策及其变动情况，在进行纳税筹划时既要符合本企业的利益，又要遵循各国法的规定。可以利用国际税收规划存在的不足，以及各国税制差异和征管漏洞，减少应税利润或将利润转移到低税负国家（地区），从而达到少缴纳企业所得税的目的，最大限度地减少其全球总体的税负。

第五章

建筑企业纳税筹划分析

第一节 建筑企业发展的现状和税收环境

建筑行业是我国经济的重要支撑之一,在国家经济发展中发挥了极其关键的作用,同时也与人们的生活密切相关,占据了十分重要的地位。

如图5—1所示,2014年—2018年我国建筑行业总产值呈现了持续增长的趋势。2017年我国建筑行业总产值为213954亿元,比上年增长了10.53%;2018年我国的建筑行业总产值上升到235086亿元,比上年增长了9.88%。从总体水平来看,虽然增长速度有所放缓,但依然是稳步上升的。

图5—2显示了2014—2018年我国建筑行业生产总值占国内生产总值的比重,2014—2016年建筑行业生产总值占

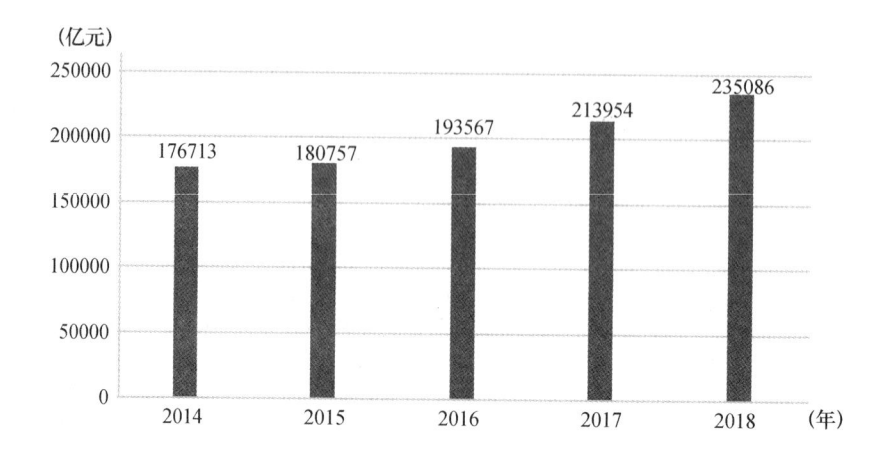

图 5—1　2014—2018 年建筑行业总产值

资料来源：2014—2018 年《中国统计年鉴》。

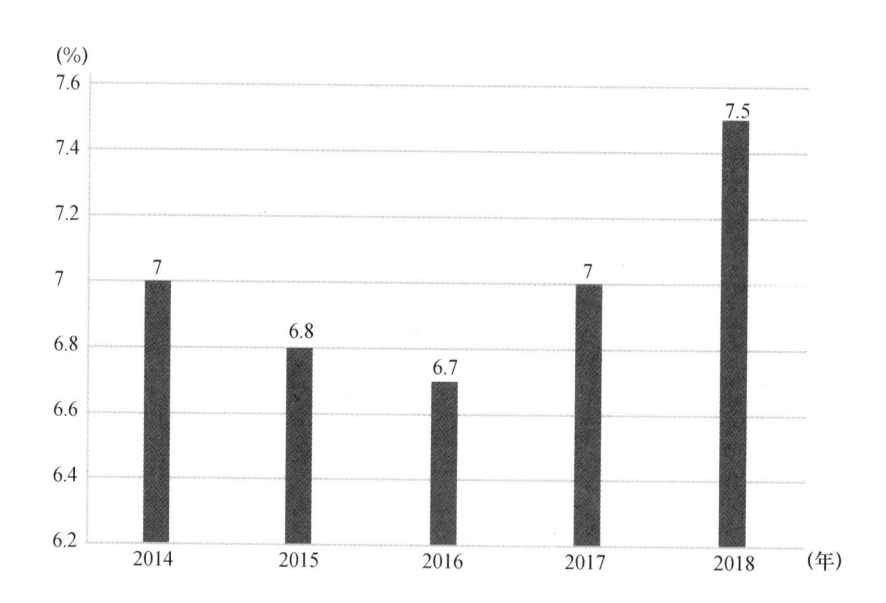

图 5—2　2014—2018 年国内生产总值中建筑行业所占比重

资料来源：2014—2018 年《中国统计年鉴》。

比逐步下降，到了 2017 年，开始回升，建筑行业贡献率一直在 7% 上下浮动，有力地拉动了 GDP 增长。

建筑行业是劳动密集型行业，为社会提供了很多就业机会解决了农村剩余劳动力的问题。近年来，人口老龄化越来越明显，市场竞争也越来越激烈，劳动力的成本在快速上升。对于建筑行业来说，企业面临的人力成本也变得越来越高，劳动成本越高，企业的利润空间就越小。

1994 年，中国分税制的改革使流转税成为税制的主体，大部分第二产业都征收增值税，而建筑业仍然征收营业税。建筑业的上游为建材市场，下游为服务分包的劳务市场，作为二者的中间环节，建筑业却征收营业税，使得增值税的征收链条中断。下游企业经营过程中，对建筑材料的选择就不用考虑上游企业能否提供可抵扣进项增值税的增值税发票，只需选择更便宜、更廉价的用材，这样一来就限制了行业规模的扩展和整体技术的提升。

"营改增"后，征收营业税改为征收增值税，避免了一直以来企业承受的重复征税问题，这是减轻税收负担的体现，完善了增值税的征收链，使整体更加完整可控；对建筑产业的发展起到了促进作用，优化了生产要素，改进了经营结构。

在纳税计算上，改为增值税后，应纳增值税税额为增值税销项税额减去进项税额。对企业所得税来说，以前是营业收入减去营业成本再减去税金及附加的差额乘以所得税税率,"营改增"后,在减去营业成本这一项中变成了减去"营业成本减可抵扣增值税进项税额"的差。除此之外,附加税与流转税的增减变化相同。

2018 年 4 月 4 日,国家又出台了调整增值税税率的条例,纳税人发生增值税应税销售行为或进口货物原适用 11% 税率的,税率调整为 10%,也就是说建筑业服务税率调整为 10%。国家政策进一步减轻了纳税负担。

自 2019 年 4 月 1 日起,国家又将建筑业增值税税率从 10% 降为 9%。

第二节 "营改增"对建筑行业的影响

"营改增"自实施以来,减税效应十分明显,也使得会计核算更加规范。而且近几年国家还对增值税做了几次降低税率的调整,建筑行业的增值税税率从过去的 11% 下调到 10%,2019 年 4 月 1 日又再次下调到 9%,增值税税率的下调使企业受益颇大。

一 有助于规范财务管理

"营改增"之前,建筑企业通常将工程外包出去却加重了企业的税收负担,在企业的财务管理过程中缴税成了令人头疼的事,而在"营改增"后企业更愿意获得进项发票,也有利于完善抵扣链条。"营改增"的实施,解决了企业固定资产设备的抵扣问题,避免了重复纳税,降低了企业税收负担。

建筑工程项目通常投入的资金高,周转时间较长,并且存在垫资现象,因此涉及的财务管理风险较大,这就要求财务人员具备一定的专业能力,提升自身的能力。对建筑企业来说,必须加强增值税专用发票的管理工作,加强采购部门,工程预算部门的协调配合。这样一来,同时也加大了财务的监管力度,有助于规范财务管理。

二 有利于细化行业分工

随着我国社会主义市场经济的发展,社会分工越来越明确。"营改增"消除了以前两税并存的问题,减少了重复征税,有利于税制完善,优化了经济产业结构,更加适应市场经济的新形势。建筑行业经营秉承了供产销模式,从供应商购买原材料到生产过程再到销售过程的各个环节,均可以进行增值税进项税额的抵扣,企业在购入原材料或者工程物资取得的增值税进项税额不再计入产品成本中,与此同时,下游的企业可以取得增值税专用发票进行抵扣,完善了抵扣链条,进一步促进了企业之间的分工合作,有利于细化行业分工。

三 有助于完善增值税征收制度

"营改增"之前销售货物征收17%的增值税,建筑行业提供建筑服务需缴纳3%的营业税。在刚开始试行"营改增"时两项缴税方式并存,存在着税率档次过多,税收优惠过多,对纳税人的界定不明确,对部分抵扣的项目不完善等问题。建筑施工企业工程项目中,购买原材料或其他产品时,已包含了增值税,然而这些原材料和工程物资无法进行增值税进项税额的抵扣,最后又必须缴纳营业税,这样就造成了成本上升,多次征收税费加重了企业的税负。"营改增"后可以抵扣进项税额,使得抵扣链条完善,有助于完善增值税的税收制度。

四 案例分析:"营改增"对建筑行业税负的影响

N公司成立于1992年,是大型国有企业,注册资本金10亿元。公司下设分公司1家,全资子公司12家,公司拥有水利水电工程施工总承包、建筑与市政施工、建筑工程规划设计等专业资质。公司依靠科技进步、强化管理,坚持走质量兴业之路。历年来建设商品房住宅300余万平方米,工程合格率100%。公司承包了各类建设工程的承包、设计、施工,经营的范围有建材和机器设备租赁等。

N公司在2016年年末确认的收入是20亿元,在该会计区间内,能够进行抵扣的增值税进项税额是12亿元,企业的其他成本为6亿元。

在"营改增"之前,该建筑企业需要缴纳的营业税和企业所得税为:

营业税 = 20 × 3%

= 0.6（亿元）

企业所得税 =（20 - 6 - 12 - 0.6）× 25%

= 0.35（亿元）

两项合计为 0.95 亿元。

"营改增"改革后，建筑企业需要缴纳的企业所得税和增值税为：

增值税的销项税额 = 20 ÷（1 + 11%）× 11%

= 1.98（亿元）

增值税的进项税额 = 12 ÷（1 + 17%）× 17%

= 1.74（亿元）

应缴纳增值税 = 增值税销项税额 - 增值税进项税额

= 1.98 - 1.74

= 0.24（亿元）

应缴纳的所得税 =（20 ÷ 1.11 - 12 ÷ 1.17 - 6）× 25%

= 0.44（亿元）

两项合计为 0.68 亿元。

通过对比可以发现，"营改增"后所缴纳的税负要比"营改增"前减少了 0.27 亿元，建筑企业的税负得到比较明显的减轻。

在实行"营改增"之前，建筑行业不少从业者担心这项政策实施之后，企业的税负会上升，直接影响到企业的利润，导致企业大量现金流出。在实行"营改增"之后，增值税进项抵扣范围增大，企业为了取得可以抵扣的增值税专用发票，在购入原材料时也会选择有资质的较大的供应商，而之前那些价低质劣的无法提供增值税专用发票的厂家则被淘汰，这样一来，行业内也有了统一的标准，形成了一条完整的产业链和增值税抵扣链条，促进了行业的规范发展。

第三节　S建筑公司的纳税筹划分析

建筑产业具有建设周期长、资金流动缓慢的特点，合理的纳税筹划将会减缓企业在税负上的压力，在资金流动不足上做出弥补，是必要且必需的。

建筑业作为我国产业体系里重要的一部分，将税收筹划与建筑业的行业状况相结合，不仅能促进建筑业的稳定发展，同时也将进一步完善我国产业体系，进一步推动国民经济的发展。

一　S建筑公司的经营情况

S建筑公司于2007年12月8日于北京成立。该公司主要承担公用、民用房屋建筑工程的施工、安装、咨询，基础设施项目的投资与承建，国内外房地产投资与开发，建筑与基础设施建设的勘察与设计等。截至2017年年末，公司的总股本为人民币300亿元。2015—2017年分行业营业收入情况如表 5—1 所示。

表 5—1　　　　S 建筑公司 2015—2017 年分行业营业
收入情况　　　　　　　单位：亿元

分行业	2015 年		2016 年		2017 年	
	收入（万元）	占比（%）	收入（万元）	占比（%）	收入（万元）	占比（%）
房屋建筑工程	5882.67	66.7	6202.24	64.6	6250.84	59.3
基础设施建设和投资	1413.94	16.1	1738.99	18.1	2309.20	21.9
房地产开发与投资	1423.60	16.2	1519.77	15.8	1792.03	17
勘察设计	65.11	0.7	73.40	0.8	81.75	0.8
其他	20.45	0.3	63.25	0.7	107.24	1.0
合计	8805.77	100.0	9597.65	100.0	10541.06	100

资料来源：2015—2017 年 S 建筑公司财务会计报告。

由表 5—1 可以看出，2017 年前三个分行业的比重占据了 S 建筑公司主营业务的 98.2%，在"营改增"前，这些项目都要征收营业税。税制改革后，征收营业税改为征收增值税，对于建筑企业来说，其税率、计税方式、销售额确定方式等都发生了不同程度的变化。

因为最先开始实施"营改增"时，一般纳税人对老项目的计税可以用简易计税 3% 的增值税征收率，这对一般纳税人企业来说，等于"营改增"过渡期的优惠政策，这使得增值税有所降低。表 5—2 是选取 2016 年 7 月至 2017 年 12 月"营改增"前后以及过渡期后的常态化下的税负变化情况。

表 5—2　　　　不同政策背景下 S 建筑公司流转税税负对比

政策背景	营业税+增值税（万元）	附加税（万元）	流转税合计（万元）	营业收入（万元）	税负比（%）
不施行"营改增"	5236368.7	408436.8	5644805.5	169667759.3	3.33
"营改增"过渡阶段	4558393.3	365018.3	4923411.6	152976005.7	3.22
常态化下	6917294.7	539549.0	7456843.7	152976005.7	4.87

资料来源：2016—2017 年 S 建筑公司财务会计报告。

由此可见，在有税收优惠的过渡期税负比下降了，但在常态化下，企业的税负比提升了。

二　S 建筑公司主要的纳税筹划方法

（一）原材料的纳税筹划

建筑企业采购原材料时，基于建筑行业本身的特点，砂石土类只能取得增值税普通发票，甚至有些小型材料供应商不能提供增值税普通发票，这对企业抵扣进项增值税税额提高了难度。因此在购入材料问题上，企业要尽量选择能开具增值税专用发票的供应商，而不仅仅只看重原材料的价格。

（二）固定资产的纳税筹划

S 建筑公司企业规模较大，大型固定资产占用的资金较多。在纳税筹划方面，一是选择租赁固定资产的方式来减少企业资金的占用。二是合理选择固定资产的折旧方式，如果固定资产前期的折旧额较大，那么就可以延迟缴税时间，使企业的资金能够更好地周转。

（三）纳税时间筹划

税款缴纳时间的筹划主要是为了获取资金的时间价值。纳税义务发生时间为纳税人发生应税行为并收讫销售款项或者取得索取销售款项凭据的当天；先开具发票的，为开具发票的当天。采取预收款方式提供服务的，纳税义务发生时间为收到预收款的当天。根据纳税义务发生时间的政策规定，S建筑公司根据企业现金流情况适当推迟确认收入时间点，在未收到货款时不开具发票，到达合同约定付款时间点但是又未收到货款的，可以通过变更合同付款时间避免纳税。另外，S建筑公司作为一般纳税人，按月度进行纳税申报，于次月1日起15日内申报纳税，在规定的期间内尽可能晚地进行申报，这相当于是获取一笔短期无息贷款。

第四节 建筑企业纳税筹划面临的主要问题

一 难以取得增值税专用发票

对于建筑企业来说，由于行业的特殊性，在施工时购买的土石等建筑材料，难以取得增值税专用发票。如果企业拿不到增值税专用发票，购买材料所支付的进项税额就无法在计算增值税税额时从销项税额中抵扣；而多缴纳了增值税税额，变相增加了企业的采购成本，降低了企业利润，长此以往，企业收支不平衡，就会影响到企业的长远发展。

二 固定资产的折旧和原材料损耗处理不当

规模大、涉及面广的建筑企业拥有许多的大型固定资产，这时就会涉及固定资产累计折旧、存货计价方式是否合理的问题，如果选择不当或是处理不好，就会直接导致企业税负的不合理，给企业加重成本的负担。

在企业生产过程中存在原材料的各种损耗，在增值税处理中，正常损耗的原材料的进项税额可以抵扣，非正常损失原材料的进项税额不能抵扣，要做进项税额转出的处理。无法正确区分正常和非正常损耗也会影响企业的纳税筹划。

三 确认收入时的纳税筹划风险

一是采用成本法、完工百分比法确认营业收入和营业成本的，可能存在未及时归集成本导致确认的完工进度明显慢于实际施工进度，或者按照工作量法确认的完工进度的情况，从而导致营业收入确认不足。二是采用工作量法确认完工进度的确认营业收入和营业成本的项目，可能存在因未及时办理结算而明显慢于施工进度或者按照成本法确认的完工进度，从而导致收入确认不足。三是建筑企业按照建造合同确认的营业收入与增值税应税收入往往不相等。例如，开票金额远大于确认的收入金额，如果提前开具发票或者收入确认不足，都是存在纳税筹划风险的。

四　海外建筑市场面临的税收问题

自改革开放以来，受到国家相关政策鼓励，许多建筑企业纷纷响应"走出去"的号召。越来越多的对外承包工程使中国在海外建筑市场的发展速度更加迅猛。随着"一带一路"倡议的推行，海外经营带来经济效益的同时存在以下问题：一是项目核算问题，部分企业仅仅由国内公司的海外事业部统一管理海外项目，容易出现各国的收入成本核算不清晰的情况，在税务检查时由于未分开核算等原因导致境内所得税抵扣无法扣除在海外已经缴纳的税款。二是部分企业对于中国与所在国的税收协定情况不熟悉，可能导致企业无法适用所在国税收优惠政策以及无法完全享受境内抵免。

五　员工素养和法规认知问题

许多建筑企业的管理人员对纳税筹划没有建立正确的认知，纳税筹划的合法性和有效性没有深入到观念中。一是可能对纳税筹划产生误解，将其与偷税、避税混为一谈，失去了为企业减轻税负的机会；二是不正确运用纳税筹划或者眼光狭隘只追求短期利益，这很有可能会触碰到法律的边界线，使企业承担巨大的税务风险；三是对税务工作不了解或是掌握不全面，就会在税务操作上忽略一些问题的处理。由于我国的税收制度在不断地完善，这就需要企业纳税筹划人员的综合素质不断提高。有时建筑企业管理部门和财务部门间会出现信息沟通不顺畅的情况，也会导致纳税筹划时不能确切而全面地掌握公司整体情况；四是建筑企业忽略对纳税筹划人才的培养。

第五节　提高建筑企业纳税筹划水平的建议

一　谨慎确认收入

建筑企业应谨慎确认收入。凡是企业已经发生的销售业务，其销售收入应按规定适时入账。未发生的业务或不符合收入确认条件的业务，不能提前确认收入。这不仅是纳税筹划的需要，也是会计谨慎原则的要求。因此，企业应尽量控制收入确认的时间，可以根据企业所得税中纳税义务确认时间的规定，通过事先安排，达到不确认收入或推迟确认收入的目的。例如，一个建筑企业当年接受某生产企业的委托，为其建造一栋办公楼。合同约定该办公楼的建造期限为18个月，合同价款为20000万元，当年1月份开始施工，至年底时，该建筑工程的完工进度为70%，生产企业支付了全部的20000万元工程款。该建筑企业就收到的价款全部确认了收入。根据税法规定，企业受托加工制造大型机械设备、船舶、飞机以及从事建筑、安装、装配工程业务或者提供其他劳务等，持续时间超过12个月的，按照纳税年度内完工进度或者完成的工作量确认收入的实现。该工程的完工进度为70%，所以应按70%确认收入，即20000×70%＝14000（万元），因而当年可以少确认收入6000万元，可以少缴纳企业所得税1500万元（6000×25%），这样就实现了延缓纳税，获得了相应的货币时间价值的纳税筹划效果。

因此，在确认收入时，建筑企业应把握一个基本原则：凡是符合税法规定推迟确认的收入，则尽可能推迟确认；对于介于负债和收入之间的经济事项，尽可能作负债而不作收入处理；对于接近对外投资和对外销售之间的经济事项，尽可能作对外投资而不作对外销售业务处理。通过安排减少当期收入，尽可能地争取税收利益，保证企业最终净利润最大。

二　加强对供应商的选择

为了获取增值税专用发票，抵扣更多的进项增值税额，企业在购买材料时在对供应商的选择上应该多做考虑。尽可能地去选择能够提供增值税专用发票的、过程规范化的供应商，避免选择不能开具增值税专用发票的小规模供应商。

但当两者的价格差距较大，如果从小规模纳税人供应商那里购买的材料的成本数额低于从一般纳税人供应商购买材料成本减去增值税专用发票可抵扣的数额，那么就可以选择在小规模纳税人供应商购买材料。反之，建筑企业应选择从一般纳税人供货商购买建筑相关材料。

三 选择适当的固定资产折旧方法

企业对固定资产折旧方法和年限的选择以及正确划分原材料正常损耗和非正常损耗对企业纳税非常重要，需要谨慎划分。建筑企业必须结合企业状况，采取科学的折旧方法和年限对其拥有的固定资产计提折旧。企业采用加速折旧法或是缩短折旧年限，都会使固定资产在使用前期的计提金额增加，因而也能起到延缓缴纳税款的作用，使得建筑企业拥有了更多的周转资金。

四 提高纳税筹划人员整体素质

为了促进企业更好地发展，在技能方面，企业纳税筹划人员要全面了解各个税种在核算过程相关原理的运用，将理论与实际融会贯通；在思想方面，认识到纳税筹划的重要性，从长远发展的角度开展筹划工作，才能为企业不断取得利益。企业在培养纳税筹划人员业务能力这方面也要提高重视程度，可以进行定期培训，对会计税务知识这方面进行相应的政策指导和业务培训，并且让员工充分认识到纳税筹划的必要性和重要性。只有熟悉税收法律法规才能在纳税处理方面少犯错误。当企业纳税筹划人员能力有限时，可以聘请更多的专业人士，帮助企业制定合理的纳税筹划方案，促进企业长远的发展。

五 优化内部管理，完善财务制度

优化内部管理，完善财务制度，进行纳税筹划，有利于减少建筑企业自身的偷税、欠税、骗税、抗税等违法行为的发生，也有助于优化建筑企业产业结构和投资的方向，同时也能提高建筑企业自身的经营管理水平，增强建筑企业的竞争力。

首先要加强发票管理制度。税务部门对增值税专用发票的管理是极其严格的，这就要求建筑企业必须加强发票管理制度，包括开具、收取、认证、审核等各个环节都不能掉以轻心。增值税专用发票是增值税进项税额能否得到抵扣的重要凭证，如果发票管理混乱，会给企业造成重大损失。增值税专用发票对于下游企业也至关重要，决定了本企业最终所缴税款多少和下游企业能抵扣多少税额，增值税专用发票管理的不规范会给建筑企业本身带来损失，也给下游企业造成不便，不利于建筑企业的长远发展。

其次，建筑企业的财务人员在做财务预测、控制和分析时要转变原来的思路，要不断积极适应新政策下财务管理的方法，确保财务内部控制制度的建设和落实，以便于更好为企业发挥效力，提供更准确、更健全和更可行的财务数据。

六　积极实施新形势下的纳税筹划

建筑企业应梳理采购环节，确认可抵扣范围，纳税筹划人员可以向采购人员进一步明确可以抵扣的项目、可以抵扣的金额、抵扣的条件等内容。"营改增"后建筑企业增值税的应纳税额可以通过当期的销项税额减去进项税额计算得出，企业可以通过增加进项税额比来减少企业的整体税负。这就要求企业更加科学的构建企业的成本结构，提高成本的可抵扣份额，相当于为企业减少税负"开源"。具体的"开源"措施包括加强对供应商的选择，和对增值税发票的敏感性，以及采购合同签订的业务管理。建筑企业"营改增"后必须收紧口袋，提高对进项税额抵扣的敏感性。同时，还应增强货币时间价值的观念，对进项税额的抵扣要及时，及时回笼资金，将资金使用价值和时间成本发挥到极限，为建筑企业创造更大的财富。另外，还应该关注国家税收优惠政策的变动，对涉税事项进行合理的纳税筹划，更好地避免纳税筹划风险，使建筑企业少走弯路。

第六章

"营改增"对银行业税负的影响及纳税筹划

"营改增"是我国自1994年分税制改革以来，财税体制的又一次深刻变革。"营改增"从2016年5月开始在全国范围内推广试点。"营改增"税制改革最主要的目的，就是打通税收链条，减少重复征税从而降低企业税负，优化产业结构和促进经济增长。

商业银行作为我国金融行业的三大主体之一，其实质是典型的现代服务业，在"营改增"之前，由于存在重复征税的问题，导致其承担的税负较高，从而造成其实际运营成本较高，同时，在商业银行内部，税负也存在差别，这种差别不仅体现在经营同种业务的不同经营主体之间，还体现在经营不同业务之间。实行"营改增"之后，由于增值税上下游业务可以抵扣税款，从而大大降低了重复征税，在一定程度上可以降低商业银行的营业成本。

"营改增"之后,银行业的税负情况发生了变化,征税税种也从营业税变成了增值税,因此,银行业应根据自身业务的特点,进行纳税筹划,拓展更大的利润空间。

第一节 银行业"营改增"研究状况

一 国外研究状况

在当前经济发展状况下,现行的税制存在重复征收的情况,为了改变这种状况,为各行业创造良好的发展环境,同时解决我国在改革发展中产生的一些问题,从而提出了"营改增"政策。因此,"营改增"是我国特定的经济结构下存在的。由于世界上其他国家与我国的发展情况不一样,不存在"营改增"的现象,所以对这方面的内容研究较少。国外对银行业相关税制方面的研究具体分为以下两类。

(一)对金融业而言(包括银行业)

Gordon(2002)就是否应该对金融服务行业征收增值税的问题进行了相关研究,他建立了跨期预算约束式,并将投入品消耗作为变量代入式子中,最终得出相应的结果。他认为金融行业为了维持正常的运转,不可避免地会消耗社会资源,所以,对金融行业征收增值税是很有必要的。[1]

---

[1] Gordon P., "Value Added Taxation of Financial Services under a VAT", *American Economic Review*, Vol. 92, 2002.

对金融行业征收税负并不是一开始就存在的，James Tobin（2010）通过对金融市场的相关内容进行研究，他认为虽然金融市场作为国家经济市场中特殊的一部分，但在本质上和其他的行业没有什么不一样，所以同样应该向国家相关部门缴纳税款。他还指出，实行交易征税的行为，对一个国家的发展是很有必要的，它不但有助于金融市场的稳定发展，还能够使国家获得更多的财政收入，对一国保护自己的经济主权也很重要。①

与以上观点相比较而言，也不乏一些学者针对金融行业的税制问题提出了相反的意见。Jack M. Mintz（2003）对是否应该对金融部门征收所得税和增值税的问题进行了探讨和分析。② 他指出，金融市场与其他行业市场具有不同的特点，金融市场对一国的经济建设具有非常重要的作用，对金融部门征收所得税和增值税，会直接使它们的税收负担变重，很容易使金融市场发生波动，严重的甚至会导致市场扭曲的现象发生，破坏金融市场的正常运行。Richard W. Lindholm 和 Robert D. Ebel（1977）提出双面性作为增值税的特点，一方面优化税收结构，实现税收公平、减轻税负有一定的作用，但另一方面对于服务性行业增值额的确定是有争议的，而且当企业达到一定规模相比营业税，

---

① James Tobin, "A proposal for International Monetary Reform", *Eastern Economic Journal*, Vol. 1, 2010.

② Jack M. Mintz, "Taxing Financial Activity", *Applied Economics*, Vol. 40, 2003.

增值税可能有加重企业税收的可能。①

（二）单独对银行业而言

银行业在运营和征税等方面都与其他金融行业存在一定的不同，Domar 和 Musgrane（1994）对银行业应缴纳税收的收入所得进行了研究。② 他指出，银行业的股东为了获得高额的收益，经常存在投资行为，但投资就会存在一定的风险，银行在运行的过程中，就会将部分资金用来应付风险的产生，但在征税的过程中，这部分资金却没有得到额外的减免，这就导致银行的税负压力增大。此外，他还指出，银行所承担的税负压力与它们应对金融风险的积极性存在一定的负相关。

Harry Huizinga（2005）认为虽然对金融行业征收增值税是有必要的，但银行属于一个特殊的金融行业，因此在对其进行增值税征收的过程中势必会遇到比其他金融行业更加困难的局面。所以，政府在对其进行税制改革的时候，必须按部就班、有计划地稳步进行。③

二 国内研究状况

与国外相比，我国银行业存在一些不同的特点。近年

---

① Richard W. Lindholm and Robert D. Ebel, "Value Added Tax and Other Tax Reform", *Journal of Economic Literature*, Vol. 92, 1977.

② Domar and Musgrane, "proportational Income Taxation and Risk-taking Quarterly", *Journal of Economics*, Vol. 58, 1994.

③ Harry Huizinga, "*The Internationalisation of Asset Ownership in Europe*", Cambridge University Press, 2005, p. 294.

来，银行的税负问题引起了很多关注，这方面的研究也逐渐增多，但总的说来主要包括以下两个方面：一个是针对"营改增"前银行业税负的研究，另一个是关于银行业税收制度改革的研究。

余国芬（2013）对现行营业税税制下我国银行业的税负情况进行了研究，发现银行业目前的主营业务收入主要包括三个部分：贷款业务、手续费及佣金和中间业务。在现行的税制下，以上三项业务也被包含进营业税计税范围的税基之中。为了适应现代化银行的发展，银行不断加大对计算机、各种软件的投入使用，这些费用在银行的运营成本中占很大的比例，然而在对银行征收营业税时，这部分费用也被纳入缴税的范围内，因此在无形中加大了银行的运营成本，造成银行税负较重的现象，所以减轻银行业的税负压力是很有必要的。[①]

任磊、杨宇轩（2013）以我国的中小银行为研究对象，研究"营改增"产生的消极影响。他们指出，我国的中小银行具有运营规模较小、固定资产与总资产比例不合理等特点，并且在购置软、硬件设备时与大银行存在较多的不同，"营改增"并不能减小它们的税负压力。所以，相关部门在制定税制政策时，也应该多加考虑对中小银行的

---

① 余国芬：《"营改增"对企业财务管理影响及对策研究》，《财经界》2013年第10期。

影响。①

李瑞红（2013）指出，对银行业实施"营改增"改增值税制度后，银行很可能会产生更重的上税负担。银行属于特殊的金融行业，在经营过程中，经常需要采购软、硬件设施，但这些设备产生的费用并没有优惠的情况，因此在"营改增"之后，银行的增值税额度会远大于进项可抵扣额。②

王刚、贺章获、周玉（2016）指出我国银行业之前实行的营业税制存在着诸如抵扣链条中断、社会融资成本高、重复征税问题比较严重、营业税无退税，使得金融服务出口税费较高等问题，降低了我国金融服务在国际上的竞争力。③

吴宇梁（2017）结合政策背景和经济环境，在税收中性、税收效应和税收公平等理论的基础上分析了增值税和营业税的优缺点，在宏观层面提出了"营改增"对我国金融业的影响，认为"营改增"的实施可以降低金融业税负。④

张丹（2017）选用14家商业银行作为观测样本，以银

---

① 任磊、杨宇轩：《浅谈营业税改征增值税对我国中小银行业的影响》，《时代金融》2013年第1期。

② 李瑞红：《关于银行业"营改增"的几点思考》，《山西财税》2013年第8期。

③ 王刚、贺章获、周玉：《关于我国银行业营业税改征增值税的思考》，《重庆理工大学学报》（社会科学）2016年第30期。

④ 吴宇梁：《"营改增"对金融业的影响》，《中外企业家》2017年第9期。

行业利息净收入与手续费佣金作为"营改增"之后销项税额的计税依据，以业务管理费减去员工费用的差额作为进项税额的计税依据来测算"营改增"以来的税负并计算税负率，之后与"营改增"之前的税负进行比较。结果显示，"营改增"之后银行业的整体税负是下降的。①

韩玮（2018）通过调研得出结论：60%的银行业在"营改增"政策实施后税负明显降低，并以具体的银行和银行财报中的具体数字加以论证其结论。②

第二节 "营改增"的相关概念

一 营业税的概念和特点

营业税是指对在我国境内提供应税劳务、转让无形资产或销售不动产的单位和个人就其所取得的营业额征收的一种流转税。

营业税的特征包括以下四个方面。

一是全球范围内都需要缴纳营业税。在国内只要是提供应税劳务有偿转让不动产所有权或者转让无形资产的所有权和使用权都有义务和责任缴纳，这也是国家规定的，强制无偿性征收。

---

① 张丹：《"营改增"对金融业税负影响研究》，《会计之友》2017年第23期。
② 韩玮：《金融业"营改增"的影响分析及对策探讨》，《会计之友》2018年第9期。

二是税率低。营业税的税率一般为3%或5%，和其他的税种相比，税收负担要小许多。

三是强制性、无偿性、稳定性。征收营业税是以营业额作为评判基础。

四是计税过程简单，征收成本低。将营业额作为计算的基础，应纳税额是由营业额乘以相应的税率得到的。营业税的税率一般为3%或5%，税额计算简单，征收方便，征税机关征税过程较轻松，营业税的征税成本明显较低。

我国银行业历年营业税税率的变化情况见表6—1。

表6—1　　　　　　　我国银行业营业税税率变化情况

时间	1994—1997年	1998—2000年	2001年	2002年	2003年至今
税率	5%	8%	7%	6%	5%

资料来源：中国注册会计师协会：《税法》，经济科学出版社2017年版。

二　增值税

增值税是对纳税人销售货物、提供应税劳务和服务的销售额计算税款，并实行税款抵扣制的一种流转税。

根据相关资料显示，与其他的税种相比，增值税收入在我国总税收收入中所占的比例超过60%。由此可见，增值税对中央和地方的财政收入有着巨大的贡献。

增值税具有以下四个方面的特征。

一是避免二次征税。增值税只是对销售货物或者提供的应税劳务中产生的价值进行征税，对于已经从销售环节转接过来已经征税的部分则不再重复征税。它所实行的是价外税，也就是由消费者来负担，发生了增值的行为才征税，否则不征。

二是税款抵扣机制。按纳税对象分类可知道，税款可抵扣是增值税税收制度最引人注目的部分，这也是国家的税收优惠政策之一，增值税专用发票可以抵扣进项税，增值税减少了重复征税也使得税制更加简单明了。

三是征税的范围广，征税过程都是一次性计税连续且普遍征收，将增值税的各个环节连通。

四是若同种产品最终售价相同，其总体税负相同。在增值税下，同一种产品，不论经过多少流转环节，只要其最终售价相同，其总体税负就相同。

三 "营改增"

"营改增"是营业税改为增值税的简称，是指将以前征收营业税的项目改为缴纳增值税。增值税是只对产品或服务的增值部分才缴纳的税种，因此能够避免重复纳税现象的发生，对纳税主体具有积极的意义。

"营改增"是我国相关部门经过细心研究，参考国外的税制改革制度，根据我国的实际情况，从长远的角度进行综合考虑才提出来的一项重大决策。"营改增"符合我国经济发展的新形势，能够减少企业的纳税压力，对调动企业的生产积极性具有重要的作用。该政策于2012年正式试行，是国家在"十二五"期间的一项重要财务工作。在过去实行的税制中，大多传统行业如制造业通常属于增值税的纳税范畴，营业税则更偏向于稍后出现的第三产业即服务业，诸如餐饮、建筑、金融、交通等都隶属营业税目下，简单来说可以理解为"衣食住行"。

"营改增"的第一炮在上海交通运输业于2012年打响，并在部分其他现代化服务业中同步进行了改革，由此试点范围开始逐渐扩张，并推行到全国的运输和邮政服务行业，最终在2016年5月全面落实改革，营业税至此也彻底退出了国内税收的历史舞台，而这之后政府更是通过一系列跟进改善和反馈交流努力实现增值税制度的规范客观化。

"营改增"从国家发展目标上来看，其实正反映了一直以来号召的"减税降费"的政策，它最大的特点就是在改革过程中尽可能地减少重复征税，减轻企业面临的税费负担，并期望于在全社会建立起更好的良性循环。因为对企业来说，进一步实现转型发展要求较高的盈利能力，在当前经济下行的现实背景下，在全行业推行"营改增"，鼓励企业技术升级改造，推动其所在产业甚至于整个国家经济的结构性转变，对于会计工作、财务工作的未来成长也具有深刻的意义。营业税中诸如无法退税、不能抵扣和重复征税的弊端得到解决，也是会计核算工作中的一大烦冗解脱，而增值税中更为合理的"道道征税，层层抵扣"也更贴合现代会计与税额计算的处理方式。除此之外，"营改增"将"价内税"（营业税）改变成为"价外税"增值税，完善了市场交易往来中的价格机制，一旦形成增值税进项和销项税额的计算模式，就可以从财务和管理双重角度刻画新的企业结构并对企业内部架构做出适时调整以应对新市场的挑战。

第三节　实行增值税制的必要性

目前我国正处在发展方式转型和产业结构的调整上，由增值税取代营业税的改革方针是有助于促进我国市场经济稳步发展的重要战略。

首先，改革并完善征收制度，可以实现税收中性原则，解决原有税制的重复征收问题。根据资料显示，实行"营改增"后，单纯实体经济下企业税负减少逾千亿元；实行"营改增"之后，我国的商品及服务市场都会适用增值税的惯行征收办法，促使进项税额的抵扣链条完整，从而解决了重复征收的问题；实行增值税后，政府出台的对银行业的税改政策会更具体全面，有利于银行业的持续发展。

在原有的营业税税收体制下，银行业只能被动地按照自身实现的营业额进行计税，但是对于金融服务过程中产生的经营成本以及银行用于购买设备的资金和其他固定资产,在征税的时候这部分资金并不能被抵扣掉,同时,银行的贷款客户也无法享受金融服务抵扣的待遇,这就导致了金融服务和银行的实体经营之间产生严重脱节,最终使企业承担双重税收的压力。因此,保证金融服务与实体经济间的增值税链条的完整和贯通,是我国经济结构调整和经济转型的必然趋势,也是为实体经济创造税收减负的环境、保持经济良好运行的重要税改举措。

"营改增"的实行能够分离收入价税,可以降低银行业税负,提升银行业经济能力和竞争力。例如,某银行Z为增值税一般纳税人,2017年1月发生如下业务:贷款利息收入5300万元,购进办公用品等低值易耗品适用17%税率的增值税货物585万元。

该银行当月的增值税申报如下:

销项税额 = 5300 ÷ (1 + 6%) × 6%
= 300(万元)

进项税额 = 585 ÷ (1 + 17%) × 17%
= 85(万元)

应纳税额 = 300 - 85
= 215(万元)

而按照原税率营业税应纳税额 = 5300 × 5%
= 265(万元)

实行"价税分离"的增值税政策,可以改善银行业面临的营业税税收征收体制下税负过重的问题,提供金融服务可以不再以营业收入和5%的固定税率计税，而是用银行收入中的增值部分和6%的税率计税，同时能够实现经营成本中的进项税额抵扣，展现了银行的经营活力，为银行业充分参与社会经济活动提供更好的纳税条件。目前，我国正在进行经济结构调整，对银行业实施"营改增"具有十分重要的意义，它不但可以促使银行业充分参与社会分工，更有利于实现人民币国际化这一重大目标。

其次，间接实现对实体经济企业的减负，优化信贷环境。实行"营改增"之后，由于税收成本降低以及进项税可以抵扣，企业会将关注点放在生产效率以及产品附加值的创造上，通过加大对参与经济活动前期资源的投入，积极地进行市场调研、产品更新换代和技术研发，提升自身的创新能力及服务水准，增强行业的竞争意识，促使我国企业向技术密集型方向转变，对企业盈利模式的转型和业务结构的调整具有积极作用。我国银行业也可以借此机会增强自身的研发和设计能力，为实体经济企业量身打造更加符合其自身特点的金融服务和金融产品，对加强银企对接合作、优化金融环境起到至关重要作用。

最后，加速健全我国税收征管体系以及提升政府征税效率。我国一直实行分税制的管理模式，在完成税改后，以往属于地方政府负责征管的营业税部分的工作将会以新的增值税形式转移到国家征收部门，这样企业与银行业的纳税管理部门同纳税口径就一致了，减轻了税收的地方压力。

取消了税制并行的情况，实现了征管的统一，从而解决了过去由于各地方征管部门在发票管理问题上的分歧。

第四节 "营改增"对银行业的影响

一 "营改增"影响银行业务框架和竞争格局

（一）影响银行的业务发展结构

首先是银行业的收入结构向多元化发展。长期以来，银行的收入来源主要是利息收入，当前，许多专家学者一致认为银行应该调整自身的收入结构，尤其应该重视中间业务对银行收入做出的贡献，并将它们定为银行未来的利润增长点。由于银行提供的中间业务纷繁复杂，能够满足金融市场上众多企业与个人对金融服务需求，重视中间业务的发展能够有效趋近银行业务结构的多元化。在当前形势下，银行业的业务结构多元化以及发展方向的多样化已经成为共识，对不同的业务实施不同的增值税税率也是税制改革的一个重要方向。但这种情况又会引起企业内的资源向税负较低盈利较高的业务流动，进而影响到银行业的业务结构。

其次是促进银行业务的结构调整。银行业提供的存款、贷款业务以及包括结算、银行卡、代理等在内的中间业务已经发展成了刚性需求业务，但目前实施的"营改增"对于各类银行业务没有更细化的政策解释，银行业只有根据

"营改增"过程中对自身经营利润影响的大小来判断业务的调整方向，这会影响到银行业的长远发展。

因此，在这种情况下，银行业务发展方向的调整具有一定的必要性。以某市级中小银行为例，在"营改增"方案实施前，按照资产配置的最大收益化因素，其投资业务一般都占据银行资产总额的50%以上甚至80%左右，贷款类传统业务一般只占到20%左右，投资类业务大多反映在投资收益中，参照银行间同业往来业务都处于免征营业税的范畴。在"营改增"方案实施后，随着对投资类业务的征税，此银行面临资产业务中大部分投资业务需要缴纳增值税的转变，使其税收负担增加、银行净现金流量大幅度减少，促使其业务重心发生调整和改变，将逐渐缩小投资类业务规模，向纳税税负低的产品和资产业务、免税的同业业务进行转型。

（二）增强银行的竞争力

金融市场一般分成两种：直接金融市场和间接金融市场，其区别在于直接金融市场融资时不需要借助中介，融资的企业通过向资金持有的一方发行有价证券来获取资金；而间接金融市场需要借助金融中介机构，银行就充当了这样一个融资中介的角色。在间接金融市场中，企业将经营的资金存入银行，其他需要融资的企业可以通过银行贷款获得资金。而银行在提供贷款服务的同时要收取一定的贷款利息作为收入，而这部分收入按照现行的税收征管制度是按5%的税率征收营业税的。与直接金融市场相比，成本加大，进而失去竞争优势。试想某银行实行增值税后税负可以在外购的商品和服务中得到抵扣，从而减少了税收成本。而对于直接金融市场中发行股票和债券的收入也加入"营改增"范围内的话，竞争优势也会受到一定的削弱。因此，在税制改革后，两种金融市场之间的竞争关系会得到缓和，同行之间的竞争也变得更加公平。在此基础上，"营改增"对于银行的服务业务，尤其是融资业务会有很好的促进作用，也会扩大银行业在金融市场上的份额。

（三）影响银行对产品定价方式

随着增值税抵扣链条的完善，银行业的定价方式会发生改变。银行在实际经营中会考虑税负成本、资金成本、目标收益率和信贷风险等因素，最终通过测算结果制定合理的贷款利率。当前贷款业务实行税率5%的营业税税制，而银行会将这部分税额折算到贷款的回收利息中去，无形中增加了企业的融资成本，银行在顺利实行"营改增"后，虽然仍会将办理贷款业务需缴纳的增值税税额通过制定利率转嫁到融资企业身上，且企业在银行实施税改前后办理贷款所需承受的税负压力相差不大，但融资企业承受这部分税负的同时所支出的利息成本可以取得相应的增值税进项税发票，并在销售环节得到转移或抵扣，从而和以往相比减少了一定的成本，这一过程完善了金额市场中的增值税链条。金融业全面实行增值税后，假设银行根据测算结果降低了贷款利率，低贷款利率可以减少下游企业的资金成本，增强企业的盈利能力；如果银行的贷款利率不变，那么银行的贷款收益率也将增高。无论从任何角度看，"营改增"都有助于金融市场的资源配置，从而使资金的利用效率大大提高。而经过分析，同样的效果也会出现在银行的其他实行"营改增"的业务上，最终会促进整个金融市场的繁荣。

银行可以根据自身发展的需要，结合国家的"营改增"相关政策，实施符合银行自身需要的改革方案，考虑对不同客户纳税人类别的成本影响，选择合适的供应商进行进项税额抵税，从而使采购成本得到有效的控制，使自身的议价能力得到提升，同时也改变了传统的定价方式，使其变得更加科学化、合理化和多样化。

二 对银行经营范围纳税事项的影响

(一) 主营业务征税范围和征税口径的改变

以中小银行为例，首先是银行投资类业务中可供出售金融资产的税收范围发生改变，其增值税计税类型主要分为对国债、企业债或金融债等按照持有到期和买卖价差两种，对可供出售金融资产（国家和地方政府债、中央银行债、金融债）产生的持有期利息收入适用零税率享受免税政策；对可供出售金融资产（企业债、其他债）产生的持有期利息收入参照贷款服务计税和可供出售金融资产（所有债券）产生的转让价差按照金融商品转让计税，适用6%的增值税纳税税率。在未实施"营改增"纳税政策前，所有可供出售金融资产按金融同业往来业务处理，适用免征营业税的范畴。

另外，除转贴现外的国际与国内贸易融资业务，其适用的金融商品转让的增值税纳税政策更加宽泛，突出政策试点的覆盖面，解决了在营业税征税范畴时的税收盲点。

（二）政策执行中存在一定的局限性

银行经营费用、成本可抵扣政策放开，但允许抵扣的费用、成本项目范围较小，政策执行中存在一定的局限性。

首先，金融服务业的课税的完整链条尚未形成。而银行本身经营中的经营成本、费用产生的增值税进项税额与提供贷款等单一的纳税服务形成的增值税销项税额，在纳税环节上没有课税关系，没有出现增值税流转税的课税特征。

其次，银行业产生的税负成本还不是很明确，需要建立专门的纳税筹划方案。在银行众多开支中，很多支出的费用是无法进行抵扣的，如存款利息支出、员工的福利费等。可以进行抵扣的费用仅仅只是经营成本，费用仅包括管理费用中的办公费、固定资产购进、购买的软件及技术等服务。招待费、福利费不可抵扣，存款利息支出在银行经营管理成本、费用所占的比例较大，此外，一旦存款人将资金存入银行，银行就要按规定付给存款人相应的利息，但由于银行不能够收到增值税进项税额专用发票,所以这部分支出也不能够被抵扣,给进项税额抵扣带来一定的局限,实际上也增加了银行纳税和经营的负担。

三 对银行盈利能力的影响

"营改增"对于银行业的影响不仅仅是税负,它对银行盈利的影响也不容小觑。因而从某种程度上讲,利润才是银行业真正关心的问题。下面将以我国某商业银行为例,对其在营业税制改革前后的利润进行比较分析。

例如,M银行为我国上市的大型商业银行,其纳税的税额按无差额征税规定进行计算。根据统计数据显示,该银行每个月应税营业收入约为40亿元,各项费用总计20亿元,在银行业实施增值税后,增值税税率为6%。现对该银行在税改前后的利润情况做如下分析。

改革前:在流转税方面,M银行应缴纳的税种有营业税、城市维护建设税(以下简称城建税)和教育费附加。营业税按照5%的税率征收,城建税按照7%的税率征收,教育费附加按3%征收,这三项费用均可以在计算企业所得税时相应的进行扣除。计算如下:

M银行应缴纳的营业税金额为:$40 \times 5\% = 2$(亿元)

应缴纳的城建税和教育费附加为:$2 \times (3\% + 7\%) = 0.2$(亿元)

当月应缴纳的企业所得税的应税所得额为:$40 - 20 - 2 -$

0.2 = 17.8（亿元）

应纳企业所得税额为：17.8 × 25% = 4.45（亿元）

税后利润为：40 - 20 - 2 - 0.2 - 4.45 = 13.35（亿元）

改革后：在流转税方面，根据新的税制，M银行应缴纳的税种有增值税、城建税和教育费附加。纳税收入也由含税的营业额调整为不含税价格（假如不考虑金融商品转让情况，全部按贷款利息收入计税，各项费用成本抵扣进项税额暂忽略不计），计算如下：

M银行应缴纳的增值税金额为：40 ÷（1 + 6%）× 6% = 2.264（亿元）

应缴纳的城建税和教育费附加为：2.264 ×（3% + 7%）= 0.2264（亿元）

应缴纳的企业所得税应税所得额为：40 ÷ 1.06 - 20 - 0.2264 = 175094（亿元）

应纳企业所得税为：17.5094 × 25% = 4.3774（亿元）

税后利润为：40 ÷ 1.06 - 20 - 0.2264 - 4.3774 = 13.132（亿元）

与改革前相比，税后利润减少了0.218亿元，降幅为1.63%，表6—2列出了M银行在税制改革前后的利润对比情况。

表 6—2　　　　　　　　M 银行改革前后利润对比　　　　　单位：亿元

项目	营业收入	营业税	增值税	城建等附加税	成本费用	企业所得税	税后利润
改革前	40	2	0	0.2000	20	4.4500	13.3500
改革后	37.7360	—	2.2640	0.2264	20	4.3774	13.1320
差值	-2.2640	—	2.2640	0.0264	0	-0.0726	0.2180

注："—"表示数字不存在，改革后已取消营业税。

资料来源：M 银行 2015－2016 年财务会计报告。

通过以上分析可以看出，M 银行在实行增值税改革后利润出现了小幅度的下滑，这是因为增值税税率为 6%，明显高出营业税税率（5%）。但是银行的现金流量也有所增加，从表 6—2 反映的情况来看，银行由于"营改增"多付出了一部分增值税及其附加税款，从长远的角度来看，"营改增"给银行业带来的影响肯定是利大于弊，并且随着银行业改革的深入，"营改增"的优点将会体现得更加明显。

四　对银行业税负的影响

（一）银行业的整体税负水平将出现差异化

按照我国目前实施的"营改增"政策方案和执行情况来看，银行业在缴纳增值税时可抵扣的进项税项目受到很大的限制，仅仅只有购进的部分服务、符合规定的无形资产和设备等固定资产。在银行的经营成本构成中，支付给客户的存款利息、与贷款业务有关的佣金与手续费占的比例比较大，但是这些费用都不在抵扣进项税额的范围内。对于运营成本较高的银行来说，在具体审核增值税发票可抵扣方面，需要区分不同开具主体和不同的增值税发票类别。例如，增值税一般纳税人或小规模纳税人，对于增值税专用发票和普通发票可抵扣的差异较大，需筛选出增值税专用发票确保抵扣进项税额的准确性，尽可能地冲抵运营收入中的销项税额。对于资产规模不大、以投行业务为主的中小银行来说，政策规定投资产生的买卖差价视债券的是否持有和类别进行差异化纳税。而对于有部分营业网点是租赁形式的银行，作为承租人发生的非小额的租金支出如果是政策规定 2016 年 4 月 30 日前取得的不动产出租的，也要按 5% 的税率简易征收办法计税，这就意味着承租人租用此时间段取得的不动产暂时无法抵税。那么，银行业只有很少的一部分办公用品等经营产生的日常办公开支可以抵扣进项税了。

按照上述情况分析，银行业的增值税税负会在很短的一个时期内短暂波动后，回归到一个平均水平。也就是说，从目前执行的"营改增"政策分析，银行业的整体税负水平变化不是很大，但对不同业务类型的中小银行影响却比较突出，虽然在营业税税率 5% 的基础上上升了一个百分点，但是各类银行业务都没有得到政策实施过程中的细则解读和增值税对银行各类业务纳税解释，可抵扣的经营成本项目寥寥无几。因此，国内一些经济学领域和银行的从业人员认为中小银行会因为业务结构和成本结构的不同，导致税负增加和银行的现金流大幅度减少。

（二）银行业税负计算口径发生变化

增值税实际税负与"营改增"前银行执行的营业税税负的计算口径发生了很大变化，计税的基础不再是按照各类业务经营形成的营业税税前收入，而是流转过程中发生的增值部分。在将含税销售价格换算成不含税价格和增值税税额后，按照课税环节中形成的增值税销项税额与进项税额之差计算应缴纳增值税额，再与补、抵、退税额相加减后，计算出实际缴纳增值税额，最后与含税收入比较后形成当期增值税税负。按照目前银行可抵扣的项目来看，"营改增"后银行的税负将处于一个普遍高于"营改增"之前税负的水平。

总而言之，从税率变动直观来看，"营改增"后银行的税负是上升的，名义税率由 5% 上升至 5.66%。例如，对于一般纳税人而言，假设含税收入为 L，可抵扣进项税额为 M，银行的可抵扣成本主要是手续费及佣金支出、业务及管理费，除业务管理费中购进设备、修理及租赁适用 16% 或 9% 的税率，其余均适用税率 6%，可抵扣项目的成本为 $M \div 6\%$，"营改增"之前应缴纳的营业税为 $L \times 5\%$，"营改增"后应缴税的增值税 $= L \div (1 + 6\%) \times 6\% - M$，若保持税负不变则上述二者相等，则 $M \div L = 0.66\%$，$M \div L \div$

6%=11%，即可抵扣进项税额占含税收入的比重为0.66%，可抵扣项目的成本占含税收入的比重为11%，当可抵扣的成本占含税收入的比重为11%时，"营改增"前后的税负保持不变；当可抵扣的成本占比大于11%时，税改后银行的税负是减轻的。

第五节 "营改增"后银行业的纳税筹划

实行"营改增"的不少企业都会在改革过程中遇到过暂时性困难，而政府也考虑到这种情况的发生，提出了向部分行业或者企业提供扶持资金的政策，以希望帮助企业能够顺利地度过"营改增"这一特殊的时期，使企业在税制改革后尽量不会受到较大的影响。因此，在税制改革的初期，地处偏远地区的银行及其分支机构可以申请政府的资金扶持，这些机构通过取得政府给予的临时性资金扶持来克服初期遇到的困难，以避免由于税负的突增造成无法正常经营和生产的情况出现。

但是这种过渡性资金扶持，只能暂时缓解企业的压力，不足以成为企业稳定和调整税负的长效机制。国内银行应进行合理的纳税筹划，合法享有行业和区域性纳税方面的优惠措施。为了使企业不过度地依赖政府的帮助，2014年年底，国务院对企业享有的税收优惠政策做出了严格的规定，并对没有权限的优惠政策进行清除，而有优惠权限的企业也要进行申报、批准后才能生效。因此，一些企业过去享有的优惠可能有被取消的风险，银行业应及早地确认并准备申请合法合规的优惠政策，将改革中的税负影响尽量降到最低。

在"营改增"的相关政策实施之后，银行业的税负情况发生了改变，与预先的估计也存在较大的差别，对于这一现象，因地制宜地针对不同规模、不同业务结构的银行做出一些具体操作的解释性文件，将更有利于指导银行业在经济转型、结构调整的大背景下健康发展。银行业也要根据自身业务经营特点，进行纳税筹划。

第一，由于"营改增"是政府在新形势下规定实施的新型税收制度，原有的有关业务系统无法满足实际使用的需要。因此，银行要加大相关结算系统的开发力度，尤其是符合增值税核算要求以及能够对增值税发票进行规范管理的新系统，根据自身经营的特点做好各类业务收入的价税分离和科目账务核算体系，确保"营改增"政策的有效实施和核算的稳定性。

第二，必须建立健全增值税管理的相关制度和业务操作流程。综合考虑采购设备、人工成本及经营费用等运营成本，完善增值税纳税操作与管理过程中销项税额与进项税额抵扣的环节，做到增值税政策与银行自身运营的有效契合。

第三，要合理配置各项业务经营指标。对增值税价税分离中影响较大的经营利润、净利润率及现金流量，还有与经营利润相关的各项业务收入、营业支出及反映银行经营变化的盈利能力指标，要在制定经营指标计划和经营绩效考核方案时做出相应的调整，对因为增值税实施方案中不同的计税方法带来的收入、成本及税负变化，提前做好"营改增"政策实施对经营指标的因素调整和总体业务的纳税情况掌控。

第四，要加强纳税筹划方面人才的培养。在迎接税改的过程中增加银行纳税筹划的人才储备是十分有必要的。通过全面积极地学习增值税相关政策和实施办法，关注和解读新出台的各项规章条例，认真分析增值税相关票据的管理制度，掌握改革过程中本银行涉及的税收优惠政策，这些都需要依靠对专项人才的合理配置才能够高效完成。可以在结合我国银行特点的基础上，通过借鉴国际上经营较成功银行的经验，例如，可以在各地的一级分行成立纳税筹划部门，在二级分行配备专业知识背景的纳税筹划人员，并对各个网点从事纳税相关工作的人员进行专业系统的知识及业务操作方面的培训。另外，还可以加强商业银行与国有银行、税收监管部门的交流。

第五，加强发票管理。因为增值税是在不同环节下征收的流转税，任何行业的上下游都要做到合乎法律规定，并然有序，纳税主体才会获得合理的进项抵扣，最大限度地实现在各个环节减少税负。在实行营业税税制时，因为不像增值税一样有抵扣环节，监管没那么严密，所以银行可能对发票管理的重视程度不够。但实行税改后，如果不使用正规的进项税发票进行抵扣，意味着银行在这一环节的税负就增加了；若取得的增值税发票存在不合规定的问题或者任意进行抵扣，那么就会被视为偷税，还有承担相关的法律责任的可能。加强发票管理具体要做到以下两点：一是尽量取得有效的进项税额发票。银行业的收入主要由下面几个部分组成：利息净收入、投资净收益、手续费及佣金净收入以及其他业务净收益等。其中，利息和相关业务办理的手续费及佣金所占的比例最大。就目前的情况而言，在银行业进行"营改增"之前，银行的大部分上游企业都已经使用了新的税收制度，银行处于下一环节，在购买商品和服务时，应对上游企业开具发票的能力及情况进行了解，尽量选择可以开具有效进项税发票的企业进行交易，并严格把关，检验发票的合法有效性。二是完善银行财务管理系统。增值税的专用发票是采用专用的税控机进行处理的，因其具有可抵扣的特性，相对于营业税，其在开具、管理、鉴定等方面都对银行的财务和信息系统有了更严格的要求，所以，银行业应对自己的 ERP 系统和财税软件进行定期的升级和维护以满足税改后发票管理的相关要求。优化对增值税专用发票的管理和使用，从开具到流通的任何一个环节，都要引起足够的重视，从而保障纳税筹划工作的有效开展。

第七章

"营改增"对互联网金融业的
影响及应对措施

第一节　互联网金融业"营改增"政策解读

互联网金融，可以理解为传统金融服务的线上经营，是经济发展在"互联网+"时代下的产物，场所实现了改变但主要业务仍属于金融行业，例如直接收费金融服务以及金融商品转让等。

在金融交易中，作为增值税课税对象的金融交易增值额，通常表现为金融中介机构向交易双方收取的费用差价。但由于利息、金融产品买卖收入等在内的业务收入不能单纯地理解为由中介机构提供金融服务而产生的增值额。因此通过中介服务差价无法准确得出增值税税基的增值额，而需要分别确定销项税额与进项税额并开具增值税专用发票，才能使商品与服务抵扣链之间保持连贯。同时，整个增值税抵扣链条在"营改增"政策全面推进后完全打开，以此建立起更加完整的产业税务链条，保证了政府有关部门对税收征管的执行能力，进一步减少因隐瞒交易导致的偷税漏税行为。

一 互联网金融业的独特性

随着科技的进步，互联网金融业逐渐形成了一种新型业务形态，将互联网技术和信息通信与金融资产的交易、管理和有关咨询服务等传统金融机构经营项目实现了一体化和推广。

互联网金融创新的过程是一条"监管——创新——再监管——再创新"的循环路径，明显偏离了税法固有的稳定性。互联网金融业中最为本质的特点即创新，而在财务方面表现出的创新很容易与税收的法律特质相碰撞，并必然带来金融发展自由化与税法安定性两者的冲突，也由此成为税法难以在互联网金融体系中表现出适用性的根本原因。

互联网金融业实行"营改增"不仅可以减轻税负、增加利润，还能正式进入相对已经成熟的增值税制体系中，从而提升税收管理能力，避免漏税逃税等现象。从税收本制来看，企业抵扣的税款，是企业在向客户提供金融服务之前的环节就已经缴纳的增值税。互联网金融业改征增值税，如果在专用发票上没有注明或没能完整注明税额，那么作为金融服务的提供者，企业就缺失或减少了在此类业务上的税收抵扣，也就因此损害了本企业可获得的利益，这样就迫使行业中进行业务往来的企业在增值税层面上形成约束的关系，使税务机关能够在每笔交易中通过对双方企业的交叉审计及时发现并堵住税收漏洞。

二 "营改增"后互联网金融业税负效应和替代效应分析

（一）税负效应

根据税收机制，互联网金融运营商必须按照相关法律的规定缴纳一定的税款。为了弥补收入的下降，承担税负的经营者必然要利用其他渠道获得更高的收入。所以，"营改增"即使真的会导致部分不均衡的税负上升，新的税务机制也会刺激互联网金融的扩张成长，从而对我国经济增长起到激励作用。

（二）替代效应

增值税将税负在流转过程中转移到了消费者身上，而一旦税额超出了人们的承受范围，消费者将规避在互联网上进行金融产品的交易选择，即新的税务机制会影响企业服务项目的价格进而影响经营主体的营业收入，从另一种意义上来说反向遏制了需求，阻碍了互联网金融企业的发展。

三 具体变动的条款

增值税是对商品、服务和服务的增值额征收的，而不是对营业额征收的，而且只影响最终消费者。增值税纳税人在未全面推行"营改增"前，并不能因接受了营业税纳税企业提供的服务就向其索取发票；同样地，需要缴纳营业税的企业也不能就其购买的货物或接受的服务向上游企业索取发票。然而在"营改增"政策推行后，为积极对进项税额税进行抵扣，每种类型的纳税人都会有实际动力要求取得增值税专用发票。

一是关于贷款服务的增值税抵扣规则。"营改增"同时明确了在"互联网+"模式下，对于增值税纳税人在接受贷款服务时向互联网金融平台支付的手续费、管理费、咨询费等直接相关的费用在计提应交增值税额时不得进行进项税额扣除。

二是对于诸如基金管理、信托管理等直接收费的金融服务。"营改增"之后的纳税人可以在接受服务时索取增值税专用发票，这也被允许作为进项税额抵扣时的参照凭证，进而使得金融机构与其下游企业能够打通增值税抵扣链条。

三是对于金融商品转让类业务来说，如果本期营业净额为负，那么该部分可以被结转至下一个纳税期并与销售额互抵；但如果在盈亏相抵后营业净额仍为负，那么该部分就不得转入下一税费核算期间。除此之外，能够开具增值税专用发票的业务并不包含金融商品转让，因此也无法进行进项税额抵扣，链条的断裂实际上会为行业中下游企业带来一定的税收负担。

四是"营改增"明确了金融机构的经纪代理业务在计算增值税计税依据时可以进行抵扣的项目：向委托方收取并代为支付的政府性基金或者行政事业性收费，除此类外，其他性质的经纪代理业务则无法开具增值税专用发票。

五是营业税政策规定对于有形动产融资租赁业务，纳税企业可以对超过增值税实际税负3%的部分实行即征即退；但是"营改增"并没有对此业务或减免部分做任何规定，其优势其实体现在对扣除项目的规定：对增值税实行差额纳税的解释更加详细和明确，简化了纳税人操作流程。

六是"营改增"将融资性售后回租服务纳入贷款服务类进行核算，增值税率为6%，比起缴纳营业税时按17%的比例纳税，税负大幅度下降。

七是在税率更改方面，据"营改增"条款来看，互联网金融企业一般纳税人的名义税率将会升高，但鉴于增值税是价外税，企业之后在购进货物、不动产及接受部分服务时产生的进项税额可以抵扣，因此税负并不会因"营改增"政策而明显加重。

第二节 案例分析:"营改增"对 B 公司财务状况等的影响

一 企业基本情况

B 公司在 2012 年成立,是国内首家在线金融服务平台,通过技术驱动创新金融服务项目,并以移动互联网、大数据风控等新兴技术手段为核心力,创建了专业规范的 P2P 网贷、线上平台,为用户提供信用借款咨询服务以及理财产品投资服务。

在"互联网+"模式发展得愈加成熟的近几年,B 公司专门为 IT 界人士设计了符合其行业特色的借款服务,这一产品的推陈出新使得该公司成为 P2P 在垂直细分领域的新纪元开创者。B 公司与某商业银行签订了资金托管的业务合作项目,并将房产抵押和个人网络贷款作为公司首打品牌服务项目。之后 B 公司几轮融资相继成功,成为中国互联网金融行业极具竞争力的佼佼者。

二 企业主要业务

(一)借款服务

B 公司推出了多种借款模式,为树立信用维护意识和更好地提供个人信用借款咨询服务,基于互联网大数据风险控制技术发展了极速模式下的贷款业务,由数据库对个人征信情况进行排查，与银行和工商系统建立对接，通过移动端软件对用户授权进行联网统计分析，并在报告中反馈预估额度和审核证明。

（二）特色项目贷款

该系列产品的推出旨在节约用户时间成本，增加资金利用率，通过智能投标、循环出借实现用户或市场公允下预期年化收益率。需要每一个借款人将自己的贷款需求详情在B公司官网进行展示，并将借款人的基本信息、收入情况、信用卡额度、房产车产情况、婚姻情况等进行公示，在双向选择中出借人可自主对标地投资。

（三）房产抵押贷款

B公司是银行合作的贷款代办机构，能够针对银行对贷款产品的要求，按照客户房产证、身份证信息，户口本以及房产情况匹配合适客户的贷款产品。

三 "营改增"后财务会计报表项目发生变化

在"营改增"实施后，B公司财会人员首先应该根据会计准则，完成企业会计报表的制作。传统的税务报表，财会人员需在企业主营业务的收支项目填入含税的总金额，简而言之就是计算营业税的收入总金额。然而在"营改增"政策实施以后，填写发生了变化，主营业务收支项目变成去掉增值税的总收入金额，简而言之就是删除主营业务收入中的增值税。除此之外，"营改增"政策的实施使得财务会计报表项目也产生了变化，会计在企业的损益表中应该体现缴纳增值税，而企业的营业税已经消失，这就使企业的财务报表从根本上发生了改变，需要重新调整结构框架。

四 财务报表解读分析

在"营改增"后，根据 B 公司 2016 年年报显示，截至政策推行第一年（2016 年）年底，该公司的资产规模总额达到 688.33 亿元，较 2015 年年末增长 77.34%。具体各项目资产变动情况见表 7—1。

表 7—1　　"营改增"后 B 公司连续两年资产变动情况　　单位：亿元

资产项	2016 年 12 月 31 日	2015 年 12 月 31 日
现金及短期投资	314.64	244.16
应收账款	108.70	56.79
证券投资	0	0
托管证券资产	0	0
其他生息资产	180.87	0
固定资产、厂房和设备	5.11	2.50
递延所得税资产	62.80	27.15
其他资产	16.21	7.54
长期股权投资	0	0
合计：总资产	688.33	388.14

资料来源：B 公司 2015－2016 年财务会计报告。

从表7—1中可以看出,"营改增"后B公司的主要资产增长来源是现金及短期投资和其他生息资产等种类,其中,现金短期投资和应收账款总额为423.34亿元,较上年相比增长了40.67%。而在资产总体变化中,企业"营改增"未来前景可期,因为税制改革后,对于当期购入的固定资产进项税额可抵扣,B公司这类互联网金融企业可以通过扩大企业内部固定资产比例来获得"营改增"的减税红利。作为企业的重要资产,固定资产价值的变动很容易引起内部资产结构的整体变化,B公司在"营改增"后将自身固定资产、厂房和设备增至原来的104.4%,当购入环节中进项税额可以得到抵扣时,固定资产的入账金额和累计折旧也会相应减少。从短期来看因为增值税是价外税,如果企业按原来的营业税户来计提税费,因为不能在入账时扣除进项税额,只能完全按原值入账;看似"营改增"后这会使得资产负债表中各项目的期末余额减少,且企业整体资产的金额都会缩减,而流动类项目的比例会大大升高。但如果比较2016—2018年的报表数据,其实企业资产和利润的规模是呈上升趋势的,总资产均在年末达到100亿元以上,因为"营改增"的实施是可以有效减少企业纳税成本的,通过在税负方面的支持来提高B公司的经济实力,新兴产业的发展和成长只有在经营效益进一步扩大后才能得到实现。

另外,"营改增"后B公司的负债同样也有增长的趋势,截至改革实行的第一年(2016年)年底,其负债总额达到了 380.4 亿元，比适用营业税时增长 103.08%，具体各类负债变动情况如下表 7—2 所示。

表 7—2　　"营改增"后 B 公司连续两年各类负债变动情况　　单位：亿元

负债项	2016 年 12 月 31 日	2015 年 12 月 31 日
客户存款总额	0	0
债务总额	0	0
风险费用计提	211.68	84.36
递延税负债	0	0
其他负债	168.72	102.96
合计：总负债	380.40	187.31

资料来源：B 公司 2015—2016 年财务会计报告。

其实互联网金融业在一定意义上也属于"上游行业"，在"营改增"实施初期，"营改增"对交通运输业、房地产业等实体经济行业的税负起到明显的缓解效果，在其他经济主体利润上升的基础上，投资、存贷款等一系列金融服务也会表现为正相关的升温。从客户来源结构图来看，"营改增"也改变了 B 公司的客户结构，作为新兴线上融资企业，B 公司在经济市场整体利好的情况下，会起到投资—再投资的跳板作用，当下游客户依靠回升的经济效益增加存款或者具备相当发展潜力的企业增加贷款时，B 公司的经营面积和流量就会进一步扩大，吸引更多个人客户资源，形成良性循环。

五 企业现金流量变化分析

因为"营改增"对投资活动中产生的增值额部分重新做了规定,企业的投资现金流会在进项税额扣除时产生变化,净利润也会因为企业总体成本的减少而增加,从而促使企业选择更多的投资项。而 B 公司作为线上投资平台,在市场上也表现出强劲的竞争力,可以通过发展金融服务来扩大市场份额,利用税制改革带来的红利提高企业盈利水平,加快转型升级的进程。而 B 公司企业本身也很注重投资活动在"营改增"中能得到的税务红利:截至 2018 年 12 月 31 日,B 公司所持现金和现金等价物总额(不计入风险准备金余额)为 18.572 亿元,持有至到期的投资余额为 990 万元,可供出售的投资余额为 9.698 亿元。

在经营现金流量方面,作为"互联网+"模式下的金融企业,B 公司在日常经营过程中的现金流出主要体现在对操作系统的维护和平台更新的技术支出上,因为增值税对该类服务类型的税率进行了调低,这对于公司来说也是运营成本的减少,使得企业加大在核心科技和网络平台实现转型的预算,提高业务水平和竞争实力,从而使经营活动的现金流入也得到增加。2018 年第四季度,B 公司通过其在线平台促成的借款金额达到了 134.385 亿元,较上年同期的 68.834 亿元增长 95%,这反映了公司产品和服务的强劲需求,尤其是从在线渠道所获客户的需求。截至 2018 年 12

月 31 日，B 公司已累计促成的借款总额约达人民币 739 亿元。

当然，B 公司同样面临融资问题，为应对科技创新和经营模式国际化带来的挑战，企业需要依靠扩大融资进行财务支持。而当融资活动增加时，就必然面临大幅度升高的融资费用，导致现金净流量的下降。

六 "营改增"对企业经济效益的影响

B 公司因为属于金融服务类公司，在缴纳营业税时所使用的纳税筹划方法较为单一，而为适应"营改增"政策，需要重新定义会计科目和核算流程的内容，从而激励企业创新财务模式和培养精尖财会人才，进一步提升企业业务水平。"营改增"使得企业拥有更强的创新积极性和市场适应能力。

B 公司在"营改增"政策实施后的连续两年内累计净坏账率大体维持在风险绩效预期：2015 年贷款累计净坏账率为 9%，2016 年借款累计净坏账率为 5%，且该时间内贷款风险绩效期均有所增加。B 公司约 10% 的借款来自"额外贷款"产品，借款人的获客成本是借款金额的 6% 左右，随着获客效率和转化率的不断提高，预计未来有进一步的下降空间。在企业发展战略中，成本管理与核算作为重要的一环，对"营改增"中能否做到同步改革升级也同样至关重要。另外，B 公司在进入国外市场后，开始采用技术外包和合作运营的模式,加之对产品服务的创新迫切需求和不断涌现的竞争模式,需要企业重新规划经营成本。毕竟加强对费用管理和成本控制的规范化是进行有效成本核算的主要内容之一,也是企业实现利润最大化的关键途径。对税费进行改革使得低成本的竞争方式再次回到行业视野,可以促使企业考虑优化现存的经营管理模式,建立一套更为科学合理、符合"营改增"政策灌输理念和市场环境性质的成本管理方案,准确、完整地反映各类成本对税前、税后利润的敏感程度,使企业能够及时对预期亏损或市场变动做出反应,并通过已得到减轻的税负更有效地提高经济效益,获得项目管理和市场定位所需要的信息,从而实现生产要素的优化组合。

第三节 "营改增"后互联网金融业面临的主要问题

即使是在网络环境中,金融企业的增值税还是以"流转"为重,而国内相关法律规定中对各种现金流的流入和流出并没有做到与时俱进的改革,从而导致互联网金融业的监管缺乏力度,针对性和创新性不强。

一 纳税遵从成本高

对金融业实施全面"营改增",能够满足税收中性和增值税抵扣链条的完整性的需要，可这也意味着新的税务系统将面临增值额确定困难、核算流程改造难度大等风险。

（一）升级改造

"营改增"后金融企业需要相应地对原有核心业务处理系统进行改造，以此使得收入确认、成本核算等会计处理能与新模式下的税款计征接轨。互联网金融行业对科技和高新技术的依赖程度较高，而全面改革后的税务系统同样需要做到和财务系统、数据库保持协调同步，完全达成信息化，这就意味着金融营业业务系统的升级改造面临较大的成本投入。这不仅包括对系统的单纯单次技术调整，还需要在后续使用和与员工的磨合中不断改进，需要一定的资金支出。

（二）发票开具

由于增值税实行的是"购进扣税法"和"以票管税"，因此发票将在这一行业全面上新上线，即使是虚拟经济主体，互联网金融企业仍需要将自己的开票系统与税务部门的对接，严格按照国家要求的开具、使用和管理方式，收集并配合提供完备的交易记录、银行账户以及纳税识别号。"营改增"后开票环节的工作量加大，这对于之前使用商业票据、单证或原始凭证替代发票的企业来说，势必会产生较高的人力财力成本。

（三）遵从及培训

互联网平台由于本身不断更新换代之中的特性，征税对象即企业所提供的业务和产品也是层出不穷，一方面，新的经营项目能否符合增值税的征收原则，是否会产生漏洞或重复尚未有妥善的应对方案；另一方面，新模式下的税务系统也需要专业人才支持，或许会带来财务部门的再培训和适应期，才能提升其处理新税制业务的能力，避免失误和损失。这些都需要加大纳税遵从成本和时间的投入，而后者对于处于日新月异的互联网金融行业的公司来说尤为重要。

二　操作困难

移动互联网信息的日新月异加速推动着经济社会的快速变革，数字经济与大数据的发展正悄然改变着传统经济运行的模式，也势必会对传统税收模式带来挑战，因而推行"互联网+税务"须充分考虑这种挑战。互联网金融作为一种金融创新，最大限度地在现行制度中另辟蹊径，给现行的税收理论、征管制度、政策方面都带来了冲击。

（一）行业对增值税适应性欠缺

税收公平原则因互联网金融的跨度大、参与者的多元性很难得到保证，因为应纳税额在金额和性质等关键项目上缺乏明确的界定，而承担者的归属在复杂的线上交易中也无法清楚确认。随着互联网经营模式的不断创新，金融业务的变化对税收效率产生了不少负面效应。一方面，互联网金融对纳税人的资产负债等会计要素的区别并不够清晰合理，而且存在时效问题，很容易导致避税和税收筹划困境；另一方面，很多"互联网+"公司提供的金融业务在税法中尚缺少专属的划分和归类，在适应度上仍处于滞后状态，因此依照现行税法难以找到征税基础和对档税率。

(二) 增值额难以确定

当具体到实际的征收工作中时，若互联网金融产品的收益日期或行权存在差异，那么收入确认的时间就很难确认，进而使得增值税纳税期限无法界定；若金融服务是在多个领域实现运作的，那么通过各个环节"流转"产生的增值额也难以一一确定，进而使得最终的应纳增值税无法可靠计量。这是由于产品和服务形式的增加导致产品流通方向的多样化，会对不同领域的金融投资者的资金流产生一定程度的影响，与此同时各类延伸的交易价格也会随基础金融产品价格而波动，即金融业灵活多样的行业特征导致了一系列税收额难以确认。

(三) 数字经济的颠覆

一是数字经济下不存在固定的交易甚至经营场所，地理空间的模糊使得税源发生地认定难度增大。二是"互联网+"的出现也使得对外贸易和国际金融迅速扩大发展，由此带来的利润归属问题也会影响企业增值税额的确定，因为往往税源与价值创造及享用会产生相互分离的状况。三是随着经济主体逐渐发展得更为复杂多变，税务机关控制税源的难度也相应地增加。四是随着数字经济与当今市场的深度融合,互联网金融活动愈加复杂,经营形式也逐渐多样化,税务机关控制税基的难度亦在增大。

(四) 与税务部门的衔接问题

税务部门对于互联网金融业的技术运作和经营依赖技术还缺乏系统性的了解,尤其当产品和金融服务愈加复杂多变、面对大数据所带来的海量涉税信息时,企业内部的会计核算和内部控制收集的数据也难以具体分析,无法掌握企业完整有效的纳税信息。"营改增"政策在税务机关也存在一定的信息不对称和信息滞后性,在财政部门、金融机构、"互联网+"企业以及工商监管部门之间的信息孤岛也无法促进信息共享的实现,从而在征收环节缺乏一定的灵敏性和整合性。

第四节 "营改增"后互联网金融业的应对措施

一 制定差异化的发票管理制度

由于互联网金融业的特殊经营模式,在专用发票的开具管理方面,互联网金融业的发票开具应与实体经济企业的情况有所不同,实体经济企业的增值税发票与其经营活动有很大的关系,发票的贸易背景比较简单,开具的发票大多属于防伪税控系统开出的。由于互联网金融业各项业务针对不同的对象,在实施"营改增"过程中缴税口径不一致，再加上互联网金融业本身的业务产品种类繁多、数量大，导致发票开具情况比较复杂，发票在开具时存在一定的难度和操作风险。为此，互联网金融业一方面应该不断加强自身对"营改增"形势下的发票管理，另一方面要加大新型发票管理系统的开发力度，对政策允许可不用开具发票的业务进行明确，以适应贷款等不同客户的需要，结合互联网金融业"营改增"政策制定不同于实体经济企业的差异化的发票管理制度。

二 加大对员工的培训

实行增值税后，互联网金融业需要在现有基础上全面提升财务及管理工作的质量水平，因此互联网金融业应该在财务、会计、税务、法律以及计算机等领域选拔和培训具有专业知识背景并且对增值税相关政策及实施办法有较深入理解的人才。尤其要将培养的重心放在复合型人才上，以使互联网金融行业能够尽快适应税制改革后的新形势。此外，还要重视日常经营中对员工的纳税筹划知识的培训，可以通过向社会专业机构聘请精通财会和税务知识的专业讲师完成培训工作，或者培养自己单位有经验的业务人员成为半职业的税务方面的讲师，定期为互联网金融业内部的新老员工进行培训。不断地通过加大政策学习及操作培训的方式，在"营改增"会计核算、纳税申报方面加强业务人员的技能学习和提升，进一步掌握互联网金融业增值税管理及征、抵、退等操作流程，持续完善纳税管理机制，同时对纳税的环节进行科学的配置，从而使互联网金融业的纳税筹划工作能够顺利地开展。

第八章

企业所得税纳税筹划

第一节 企业组建形式的纳税筹划

一 股份有限公司与合伙企业的选择

我国对股份有限公司和合伙企业实行不同的纳税规定。股份有限公司的营业利润要课征企业所得税,当其税后利润作为股息分配给投资者时,投资者个人还要缴纳一次个人所得税。而合伙企业则不作为公司看待,其营业利润不交企业所得税,只对其各个合伙人分得的收益征收个人所得税。如果股份有限公司税负重于合伙企业税负,这时则应不组织股份有限公司,而应创办合伙企业,其所有者缴纳的是个人所得税,而不是企业所得税,相比之下,所有者承担个人所得税的税负低于企业所得税。所以通常在企业组建的初期,如果定位是小型的企业,那么所有者选择成立个人独资企业或者合伙企业更为合适。但是股份有限公司在治理结构、防范法律风险方面都更有优势，所以应先预测企业的发展情况，再选择合理的企业组建形式。

二 子公司与分公司的选择

子公司是指被母公司有效控制的下属公司或者是母公司直接或间接控制的一系列公司中的一家公司；分公司是指作为公司的分支机构而存在。当一个企业要进行跨地区经营时，一般需要在其他地区设立下属机构，即开办子公司或分公司。

从法律角度讲，子公司属于独立法人，从分公司则不属于独立法人。它们之间的不同在于：一是设立手续不同，在外地创办独立核算子公司，需要办理许多手续，设立程序复杂，开办费用也较大，而设立分公司的程序比较简单，费用开支比较少；二是核算和纳税形式不同，子公司是独立核算并独立申报纳税，当地税务机关比较喜欢，而分公司不是独立法人，由总公司进行核算盈亏和统一纳税，如有盈亏，分公司和总公司可以相互抵减后再缴纳所得税；三是税收优惠不同，子公司承担全面纳税义务，分公司只承担有限纳税义务。子公司是独立法人可以享受免税期限、优惠税率等在内的各种优惠政策；而分公司作为非独立法人，则不能独立享受这些优惠政策。因此，在设立分支机构时，应当综合考虑以下两个因素。

一是分支机构的盈亏情况。当总公司盈利，新设置的分支机构可能出现亏损时，应当选择总分公司模式。分公司的亏损可以由总公司的弥补，减少应纳税所得额；如果设立子公司，其亏损只能由以后年度实现的利润弥补，且总公司不能弥补子公司的亏损，因而无法减少应纳税所得额。

当总机构亏损，新设置的分支机构可能盈利时，应当选择母子公司模式。子公司不需要承担母公司的亏损，可以自我积累资金求得发展，总公司可以把其效益较好的资产转移给子公司，把不良资产处理掉。

二是享受税收优惠情况，按照税法规定，当总机构享受税收优惠而分支机构不享受优惠时，可以选择总分公司模式，使分支机构也享受税收优惠待遇。如果分公司所在地有税收优惠政策，当分公司开始盈利后，可以变更注册分公司为子公司，享受当地的税收优惠政策，这样会收到较好的节税效果。

企业应根据自身经营情况，选择设立子公司或分公司。

案例 8—1：Y 公司近年来发展良好，为了扩展市场，2017 年在享受税收优惠的甲地区设立了规模相差不大的子公司 P 公司和分公司 Q 公司，当年 Y 公司实现了盈利 100 万元。Y 公司企业所得税税率为 25%，P 公司企业所得税税率为 20%。

2017 年，由于 P 公司和 Q 公司刚成立，所以当年都遭遇了较大亏损，且各亏损了 40 万元，由于 P 公司自负盈亏，所以不缴纳税款；而 Q 公司与 Y 公司需要汇总核算，公司的盈利在弥补了 P 公司的亏损后的应纳税所得额为 60 万元，应纳所得税税额为 15 万元。

2018 年，P 公司和 Q 公司正式打通当地市场的销售渠道，各盈利了 40 万元，由于当地对企业所得税的征收税率 20% 的税收优惠政策，P 公司只用缴纳 8 万元的企业所得税，获得了 2 万元的税收优惠；但是 Q 公司不能享受优惠税率，所以只能按 10 万元的企业所得税税额缴税。

由此看出，企业组建形式的纳税筹划就非常重要，企业应根据自身的经营情况做出最为有利的选择。

三　通过拆分获得小型微利企业优惠的税收筹划

为了支持小型微利企业的发展，2019 年年初，国家税务总局发布关于深入贯彻落实减税降费政策措施的通知，不仅放宽了判定小型微利企业的标准，更是降低了相关企业的税负，对应纳税所得额低于 300 万元的企业，100 万元以下的部分按实际税率 5% 缴纳企业所得税；对高于 100 万元，低于 300 万元的部分，按实际税率 10% 缴纳企业所得税。小型微利企业可以享受较多的税收优惠，不仅在企业所得税方面有较多的优惠，而且在流转税方面也有相应的优惠。国家对高新技术行业的企业，一直设有 15% 的优惠税率，而如果该企业又是小型微利企业，那么该企业就可以选择更优的税收优惠。

案例 8—2：Z 企业 2019 年度应纳税所得额为 170 万元，资产总额为 2000 万元，有 90 名员工，分别计算小型微利企业税收优惠新政策前后的应纳企业所得税税额。

在 2019 年之前，由于该企业年应纳税所得额超过 100 万元，不符合小微企业认定条件，无法享受优惠政策，所以计算应纳企业所得税税额应按照标准税率 25% 计算。

故应纳企业所得税税额为：$170 \times 25\% = 42.5$（万元）。

在 2019 年，由于该企业无论是资产总额，还是员工人数，或是年应纳税所得额都符合小微企业标准，所以可以享受所得税优惠政策。

按照最新优惠力度，计算如下：

（1）不超过 100 万元的部分，应纳税所得额为 $= 100 \times 25\% \times 20\% = 5$（万元）

（2）100 万至 300 万元的部分，应纳税所得额 $= (170 - 100) \times 50\% \times 20\% = 7$（万元）

则该企业 2019 年应纳企业所得税税额为：$5 + 7 = 12$（万元）

也就是说，两相比较之下，该企业在 2019 年新政策后比新政策前共节省税额为 $42.5 - 12 = 30.5$（万元）。

所以，对于规模较小的企业，如果能够直接享受小型微利企业的优惠是最好的。如果超过了小型微利企业的标准，可以通过分拆企业、设立新企业降低所得额和减少每个纳税主体的人员和资产规模，享受小型微利企业的优惠税率。

四 对注册地点的选择

注册地点的选择关系到纳税人居民身份的判定。不同身份的纳税人在我国承担的纳税义务不同。我国税法规定，居民企业和在中国境内设立有机构场所的非居民企业的所得，按25%的税率计算缴纳企业所得税，并对其来源于中国境外已经在境外缴纳的企业所得税进行税额抵免。而对于在中国境内没有设立机构场所的非居民企业来源于中国境内的所得则按全额减10%计缴预提所得税。同时，居民企业可以享受我国相关的税收优惠政策，而非居民企业一般不能享受税收优惠政策。另外，注册地点如果选择西部地区、民族自治区等区域，税法也有相应的比较多的税收优惠政策。

案例8—3：某国居民公司E，在中国投资建立一个生产基地F。2017年，E准备转让一项专利技术给中国的居民企业D，转让价为3000万元。F当年在中国获得利润总额为3750万元，其中包括单独核算技术转让所得1200万元。以下有三个纳税筹划方案。

【方案1】 F在中国注册成立，为中国居民企业，适用25%的企业所得税税率。由F成立研发部门组织开发该专利技术，发生研发支出1800万元，再由F将该专利技术转让给D。

根据税法相关规定，对其发生的研发支出可以加计扣除，且其技术转让所得不超过500万元的部分可以免征企业所得税，超过500万元的部分减半征收企业所得税。

F在中国应纳企业所得税额

= （3750 - 1800×50% - 1200）×25% + （1200 - 500）×25%×50%

= 500（万元）

【方案2】 F为E设在中国的生产机构，没有中国注册，其实际管理机构在英国，不具备中国居民身份。由F成立研发部门组织开发该专利技术，发生研发支出1800万元，再由F将该专利技术转让给D。

由于F为中国非居民企业，不能享受上述加计扣除和减免所得税优惠，但对F的所得视同居民企业按25%的税率征税。

F在中国应纳企业所得税额 = 3750×25%

= 937.25（万元）

【方案3】 F在中国注册成立，为中国居民企业。由E在该国成立研发部门组织开发该专利技术，发生研发支出1800万元，然后直接将该专利技术转让给D。

由于该项技术转让收入不是通过E在中国境内的F取得的，应全额征收预提所得税。

E在中国应纳预提企业所得税额 = 3000×10%

= 300（万元）

同时，F在中国应纳企业所得税额 = 3750×25%

= 937.25（万元）

合计在中国纳税 1237.5 万元。

可见，通过中国境内居民企业转让该项专利技术税负最低，由境外居民企业直接转让该专利技术税负最高。在纳税筹划时，还应考虑境内的居民企业或机构是否有研发能力，境外居民企业是否在中国境内已经有分支机构，因为新建一个机构场或注册一个新居民企业都要符合一定的条件，产生一定的成本，要结合成本效益原则进行综合筹划。

第二节 对收入项目的纳税筹划

企业在日常经营活动中销售货物时，可以合理规划收入的确认时间，并对确认金额的收回做好安排，显然可以通过这样的方式进行纳税筹划纳税，但是对收入延迟确认的过度使用，很容易被认定为是偷税的行为，即使企业最终完整缴纳税款，短期内也极易被认定为隐瞒收入。所以企业必须对其合理运用，特别要在合同中注明收款时间。

案例 8—4：2017 年年底，A 公司与 B 公司订立销售合同，A 公司销售一批价格为 100 万元的货物给 B 公司，且货物成本为 52 万元，但是由于 B 公司流动资金吃紧，在 2018 年年末只支付了 60 万元，剩余的 40 万元只能 2018 年再支付。

由于 A 公司对 B 公司的支付能力没有做充分的调查，剩余的款项不仅在 2018 年没能收回，而且在 2017 年还要按 100 万元确认收入，需要缴纳的企业所得税额 =（100－52）× 25% = 12（万元）。

在案例 8—4 中，如果采用分期收款销货方式，约定 2017 年 B 公司先支付 60% 的款项，后一年度再支付剩余的 40%，那么就可以以合同约定的收款日期作为收入确认的时间，2017 年企业应纳企业所得税额 =（100－52）×60%× 25% = 7.2（万元）。当年可以节约 4.8 万元的税款，也就是相当于 4.8 万元的一整年的无息贷款，若能有效利用这笔款项也会给企业带来更大的收益。

第三节 对支出项目的纳税筹划

一 业务招待费纳税筹划

税法认定的招待费是经营中的一项合理支出，不过却有扣除限额，业务招待费的扣除限额受到两方面的因素影响，一是业务招待费的实际发生额；二是企业的销售收入。因此，在纳税筹划时，可以考虑从这两方面着手。

（一）规划安排平衡点

税法中规定，企业发生的与生产经营活动有关的业务招待费支出，按照发生额的 60% 扣除，但最高不得超过当年销售（营业）收入的 5‰。因此，当业务招待费发生额的

60%和企业销售收入的5‰相等时,可以达到收入和扣除的最佳平衡点。在一个企业内,业务招待费筹划空间是有限的,受限在于企业本身的营业收入、企业规模、市场容量、企业营销能力等因素,企业不能为了扩大业务招待费的扣除,要求企业自身的收入超乎想象地增长。所以,企业应当根据自身状况来寻找收入和扣除的最佳平衡点。

现在假设企业某年的销售收入为 X,业务招待费为 Y,则当年允许税前扣除的业务招待费 = Y×60% ≤ X×5‰,只有在 Y×60% = X×5‰ 的情况下,即 Y = X×8.3‰,业务招待费为销售收入的 8.3‰时,达到收入和扣除的最佳平衡点。

一般情况下,企业的销售收入是可以测算的。假定当年企业的销售收入 X = 10000(万元),则允许税前扣除的业务招待费最高不超过 10000×5‰ = 50(万元),那么纳税筹划人员可以预算全年业务招待费 Y = X×8.3‰ = 10000×8.3‰ = 83(万元)。

同理,假定当年收入为 3 个亿,则税前扣除的业务招待费的最高限额为 150 万元,财务预算要控制全年招待费不得超过 250 万元。跨过 250 万元这个界限,每超过 1 元,企业要对这 1 元钱付出的税负代价是 0.25 元的企业所得税,每超过 10 元,多付出企业所得税的代价是 2.5 元,依此类推,超过 100 万元,则要多付企业所得税的代价是 25 万元。所以,对于收入和扣除平衡点的正确把握在纳税筹划时是至关重要的。

（二）细分费用降低业务招待费金额

目前，业务招待费的划分口径没有相关的细化规定，业务招待费应与会务费、差旅费等分别细化核算，总体思路是降低限额扣除费用，增加可以税前全额扣除的费用。所以业务招待费与企业日常活动中产生的考察费、差旅费、会务费等项目应被严格区分开来，不能将它们纳入业务招待费中，否则，将会对企业产生不利影响。因为纳税人发生的与其经营活动有关的合理的差旅费、会务费等，只要能够提供证明其真实性的合法凭证，均可获得税前全额扣除，不受比例的限制。

案例 8—5：某公司 2017 年度发生会务费、差旅费 18 万元，业务招待费 6 万元，其中，部分会务费的会议邀请函等相关凭证保存不全，导致 5 万元的会务费无法扣除。该公司当年销售收入为 400 万元。在进行企业所得税纳税筹划时，由于 5 万元的会务费的凭据不全，所以只能算作业务招待费，而当年可以扣除的业务招待费限额为 2 万元（400 万元×5‰），超过的 9 万元不能扣除，也不能结转到以后年度扣除，仅此项超支费用企业需缴纳的企业所得税为 2.25 万元（9 万元×25%），其中，凭据不全的 5 万元会务费所增加的企业所得税的金额为 1.25 万元（5 万元×25%），额外增加了企业不必要的税负。

因此，在 2018 年度，企业首先应加强财务管理，准确把握相关政策的同时进行纳税筹划。如果销售收入总体与上年基本持平，那么应严格将业务招待费尽量控制在2万元以内，各种会务费、差旅费都按税法规定保留完整合法的凭证，同时，在不违反规定的前提下将部分类似会务费性质的业务招待费并入会务费项目核算，这样就可以增加扣除费用的金额，通过纳税筹划，达到节约企业所得税的目的。

二　广告费和业务宣传费的纳税筹划

依照税法的相关规定，广告费和业务宣传费的支出在不超过当年销售收入15%的部分，准予扣除；超过部分，准予结转以后年度扣除。应注意的是广告费和业务宣传费，要求必须是真实发生的，所以企业在发生广告费用支出的时候，一定要寻找符合标准的广告机构，留下合法的凭证资料。

对广告费用和业务宣传费进行筹划的最直接的方式是通过不同广告手段组合，使其不超过扣除限额。但如果是在企业成立初期，或者说大额的广告费用是很有必要的，那么企业可以成立独立核算的销售分公司，通过两者之间的关联交易扩大关联体的总销售额，在一定意义上达到提高扣除限额的目的。

案例8—6：A公司打算推出一新产品，预计年销售收入8000万元（其中A公司所在地销售收入1600万元，在X

区域销售收入6400万元),需要广告费支出1600万元(其中A公司所在地发生额640万元,X区域发生额960万元)。

在实施纳税筹划前,企业当前在经营过程中可以税前扣除的广告费支出为1200万元(8000×15%)。

在进行纳税筹划时,可以考虑由A公司成立一家子公司C,A公司先将相关产品以5120万元的价格销售给子公司C,由C公司在X区域销售,同时承担对应的广告费,那么A公司广告扣除限额为(1600+5120)×15%=1008(万元),A公司所承担的640万元的广告费就可以全额扣除;子公司C的广告费扣除限额为6400×0.15=960(万元),那么C公司所承担的960万元的广告费也能全额扣除。

由此可以看出,在纳税筹划之后,企业能将1600万元的广告费全额扣除,而筹划前可以在税前多扣除的广告费为400万元(1600万元-1200万元),对当年企业所得税的影响是:少缴企业所得税100万元(400万元×25%),需要注意的是,设立子公司C的成本费用应低于100万元,否则纳税筹划可能失效。

三 公益性捐赠支出的纳税筹划

公益性捐赠是指企业通过公益性社会团体或者县级(含县级)以上人民政府及其部门进行捐赠,适用于《中华人民共和国公益事业捐赠法》规定的公益事业的捐赠。企业发生的公益性捐赠支出，不超过年度利润总额12%的部分，准予扣除。企业自愿无偿将其有处分权的合法财产赠送给合法的受赠人用作与生产经营活动没有直接关系的公益事业，不仅以实际行动回报了社会，树立了良好的公众形象，而且可以通过合理的纳税筹划，降低税负，在节税的同时，获得更多的可供分配的利润。但对企业来说，捐赠什么和捐赠多少、捐赠用途和捐赠对象不同，最后的效果是不一样的。

案例8—7：Y公司2017年拟对某受灾地区通过红十字会进行公益捐赠。

【方案1】 捐赠库存货物100箱，增值税税率17%，市场含税售价100万元，成本为58万元，当年捐赠前的会计利润为500万元。

捐赠货物，视同销售，需要调增应税所得额 = 100 ÷ (1 + 17%) − 58

= 27.47（万元）

捐赠货物计入营业外支出科目的金额 = 58 + 100 ÷ (1 + 17%) × 17%

= 72.53（万元）

捐赠后的利润 = 500 − 72.53

= 427.47（万元）

公益捐赠限额 = 427.47 × 12%

= 51.3（万元）

应纳的企业所得税 =（500 - 51.3 + 27.47）× 25%

= 119.04（万元）

【方案 2】 对外捐款 100 万元，当年捐赠前的会计利润为 500 万元。

公益捐赠限额 =（500 - 100）× 12%

= 48（万元）

公益捐赠计入营业外支出科目的金额 = 100（万元）

应纳的企业所得税 =（500 - 48）× 25%

= 113（万元）

由此可以看出，由于捐赠货物要视同销售，因此增加了企业的应纳税所得额，而捐赠货币资金，则不涉及视同销售问题，不会增加企业的应纳税所得额。所以，方案 2 比方案 1 少负担企业所得税 6.04 万元（119.04 - 113）。显然，选择捐赠货币性资金的方案能获得更多的税后收益。

四 工资薪金支出等的纳税筹划

根据税法要求，企业的工资薪金必须合理，不再有硬性的扣除限制，而且对于相应的职工福利费、职工教育附加、工会经费都有扣除限额。税法强调"合理"一词，就是为了防止企业过度列支工资支出达到偷税的目的。列支工资支出时，企业应当保持在行业正常水平，而且保证有合理的依据，能够经得住税务机关查账。如果企业工资资料并不规范，那么面对有关部门的评判时，不容易得到认可。税务机关有自己的标准，也有权对可扣除额度进行调整，所以说如果企业过度列支薪酬这一项目，很容易给企业带来损失。对于其他的附加项目，企业也要合理掌控它们的限额，在限额之内给企业尽可能减少税收负担。

第四节　固定资产折旧的纳税筹划

折旧方法的选择通常都会影响多个纳税年度，尤其是对于一些固定资产金额庞大的企业而言，如何针对折旧进行纳税筹划显得尤为重要。直线法是最广为使用的方法，同时也是最能为税法所认可的方法，但是税法也没有禁止加速折旧法的使用，加上企业只对最低折旧年限进行了限制，年限的确定也使得企业能够通过不同折旧方案对当期的应纳税所得额进行一定程度上的调控。选择最优折旧方案，应该关注折旧怎样才能充分发挥减税的效用。

对于前期处于亏损的企业，开始的时候并不需要折旧额来冲抵利润，所以可以适当设立较长的折旧年限，选择平稳的或者后期发力的折旧方法，也就是尽可能把折旧额放置在经营后期才是有利的。对处于盈利时期的企业，应当尽量缩短折旧年限以及使用加速折旧法，使得折旧能够较早地发挥它的减税效用。这样一来使得成本费用前移、应纳税额后移，相应推迟缴纳的企业所得税也暂时留在了企业，从而获得了较高的货币时间价值。

第五节　企业所得税纳税筹划中的风险及其产生原因

一　企业所得税纳税筹划的风险

实施纳税筹划方案时，企业通常会面临到两大风险：其一，实际运营过程中的不确定因素的干扰。筹划永远都是事前的计划，经营过程中的实际问题企业不可能都预测到，且往往都只能定性而不能定量，即使是设立了某些财务指标，但是实际操作起来，为了尽可能贴合指标很可能导致企业正常运作出现问题，所以方案的实施面临很大的不确定性。其二，税法的改革是企业不能够预见的，虽然近期出台了相当一部分优惠政策，但是政府一定程度上也在对税法进行修订完善，对企业的会计处理也提出了更严格的要求，这也是政策变动给纳税筹划带来的不确定性。

除此之外，还应注意以下四种纳税筹划失败的风险。

一是筹划的时候，直接支出的筹划成本大于最终获得的收益，这也是最直观的筹划失效。

二是筹划的时候，机会成本大于最终收益，也就是所暂时的表面收益很可观，但是期间面临的其他机会收益却平白丧失掉了。

三是筹划时的机会成本小于最终收益，但由于不合理的筹划带来短期直观效益，却导致企业的长期发展受损，同样得不偿失。

四是由于某些筹划方案的敏感问题，可能发生触犯法律的情况，若处理不好，也无疑会留下巨大的隐患。

二 企业所得税纳税筹划风险产生的原因

（一）外部宏观环境变化产生的影响

企业的生产依托于整个社会，而社会环境都是复杂多变的，在给予企业赖以生存的养分和发展壮大的契机的同时，也对企业的各项能力提出挑战，之前合适的纳税筹划方案也许因为环境的改变变得不合时宜，甚至导致企业错失发展的良机。

（二）税制改革产生的影响

税法是需要不断完善的，税法总是根据经济形势的变化而不断补充、修订，乃至废除。且税法是国家根据当前形势的实际需求来制定的，它不可能因为某些企业或个人的意志而改变，所以，一旦税法调整之后，无论它将给企业带来收益还是损失，企业都不能拒绝执行。企业只能在税法实际实施之前的缓冲期内尽可能把将受到的损失降到最低。但当难以根据税法的调整来改变自身时，就会产生风险。

（三）企业理解税法及相关政策的偏差产生的风险

我国税法每年都会随着国家战略和经济形势进行调整，

政策法规的动态变化也可能导致纳税筹划的失败。纳税筹划活动不是一成不变的，纳税筹划人员若没有及时掌握相关法规的变化，制定出偏离最新的法规的纳税筹划方案，这将会造成企业经济上的损失。

（四）企业内部管理制度缺陷产生的影响

企业的内部管理包含了企业财务、内部审计、风险管控、信息系统等多个方面，纳税筹划方案的实施依靠企业的各个管理环节来实行，尤其是要收集到较为准确的材料来确定下一步的决策。如果企业的管理制度不够完善，整体的纳税筹划方案不容易得到有效运行。比如财务制度不够完善，那财务处理方面的税务信息就不值得采纳；内部审计具有缺陷，对纳税信息的审核就不会很到位；信息系统不够健全，则会导致企业决策时缺乏有效信息支撑。这些方面的缺陷都可能使企业在设计纳税筹划方案时就出现风险。

（五）财务人员专业素质产生的影响

如今，企业聘请的会计员工大都只是注重财务处理，对于税务方面的研究并不是很深入，大多数减轻税负的方式，与其说是纳税筹划，还不如说是临近纳税前的避税处理。他们对于税法的理解和运用能力十分有限，所以很难完成纳税筹划这一任务，再加上税法的改革，一部分办税人员即使没有丝毫违背税法的想法，但是由于个人能力有限或者说是缺乏责任心，不能根据税法的规定完成企业的纳税行为，导致企业受到处罚。同时纳税筹划对专业性的要求很高，要想做好纳税筹划，可能还需要有足够的人力投入，这对很多企业来说也是不小的负担。

第六节 防范企业所得税纳税筹划风险的措施

一 以成本效益原则为重心

纳税筹划能带来更多的税后收益，但是筹划过程中也会产生一些成本支出，及时评判是否能够获利十分重要。无论是直接成本还是机会成本，一旦成本高于收益，就只能宣告纳税筹划的失败。只有最终收益高于成本，纳税筹划方案才算成功，才能称得上是企业需要的方案。例如，某项纳税筹划方案是企业销售额在免征额以下可以不用缴税，对于管理者而言，他可能会直接拒绝后期的所有收益吗？如果后期迎来了一笔又一笔的业务，单纯为了完成纳税筹划方案，后期绝对是得不偿失的。但是站在纳税筹划的角度，如果企业销售额只是刚好达到起征点，后期没有分文入账，最终回过头来看此时暂停纳税筹划的行为也是不理智的。这里可以说是最基础的一个风险，而成本效益原则对应的不仅是纳税筹划，更是财务上通用的原则，无论是坚持还是放弃一项纳税筹划方案都必须遵循成本效益原则。

二 关注机会成本因素

机会成本是为了执行某种计划而放弃其他可能带来收益计划的成本。纳税筹划时,企业要做的选择很多,这时,对于最佳方案的选择不能只关注税后收益与直接成本孰大孰小,还要研究机会成本的大小,两项成本的总和才是最终成本。机会成本很多时候不好计量,并不直接体现在货币的支出上,容易被忽视,但是企业绝不能不去关注。

三 注重整体效益

纳税筹划以税后收益最大化为最终目标,目的是给企业留下更多的自由活动资金。而无论企业资产有多少,缴纳税款的支付方式都是现金方式,而不能以库存商品等支付税款,所以,对税款的节约就是对流动资金的更多保留,这也是企业财务活动的核心目标。纳税筹划的实行通常都伴随另一项计划的改变或者取消,比较这些计划的最终盈利才能决出最优计划。纳税筹划只是企业财务活动的一部分,当其他计划能够提供更大的资金流时,纳税筹划需要做出让步。所以,不能一味只追求纳税筹划带来的利益,企业整体利益才是最重要的。

四 保持纳税筹划灵活可变

如今经济形势复杂多变,企业处于变化的环境中,只遵循一套一成不变的方案，很容易应对变化带来的冲击，应根据具体情况不断做出调整，尽力去适应税法及相关政策，以保证更优预期经济活动的顺利进行。

五　提升企业纳税筹划人员的专业能力

纳税筹划涉及范围较广，对相关人员的专业水平和综合能力的要求较高，它不仅需要筹划人员对会计、税法、金融和财务管理等领域都要有所了解，还需要筹划人员能较为准确地预测经济前景，能和各部门的人员配合协作，对整个方案进行统筹谋划。

六　加强与主管税务机关的沟通

企业了解税收政策的最佳途径就是从税务局了解，这里传达的信息是最权威的，同时官方的解读也能更好地让企业懂得相关政策的具体内容和实际操作的方式，尽可能地避免企业因为误解而给自己带来不必要的麻烦。而且通过与主管税务机关的及时联系，使税务机关尽可能认可企业的纳税筹划方案，保证企业纳税筹划的合法性。

七　建立恰当的风险管控体系

在尽可能地防范风险发生的同时，也需要在最终造成损失之前将风险及时处理，这需要一套有效的风险管控体系，从而使企业及时做出反应，制定有效的风险处理方案。

企业控制纳税筹划风险的主要手段就是对各种不确定影响因素进行管控，从而达到防止风险扩散转移的目的。对于规模较大的企业，可以充分使用现代技术手段来设立风险预警系统，做到及时发现、有效处理。

第九章

消费税的纳税筹划

第一节　消费税的纳税筹划的基本方法

消费税是指对消费品和特定的消费行为按消费流转额征收的一种商品税。现有烟、酒、高档化妆品等14个税目。

一　价格转让法

价格转让法指的是由多个经济实体为更多地满足经济利益的需要，以内部价格进行销售（转让）的活动。其中经济实体既包括有经济来往的企业，也包括没有经济利益联系的企业。在该方式下，经常会发生价格扭曲的现象，故此价格也可称为"非企业独立价格"。

价格转让法在企业消费税纳税筹划中的应用，可归纳为以下两个方面。

一是转移产品定价。通过设立独立销售公司，将产品先低价销售给该关联方，此环节缴纳消费税。再由关联方高价卖出，此环节不需要缴纳消费税。在内部进行转移定价，达到了降低税负的目的。

二是转移包装物价格。包装物通常被并入销售额计征消费税，通过裸销货物的"先销售后包装"方式，不产生包装物的消费税，从而实现纳税筹划。

二 成本（费用）调节法

成本（费用）调节法指的是对成本（费用）进行合理调整或分配（摊销），抵消收益、减少利润，达到规避纳税义务的方法。

价格转让法在白酒企业消费税纳税筹划中，可归纳为以下两个方面。

一是部分价外费用调整至销售环节。价外费用是价外向购买方收取的手续费、补贴、基金、集资费、返还利润、奖励费、违约金、滞纳金、延期付款利息、赔偿金、代收款项、代垫款项、包装费、包装物租金、储备费、优质费、运输装卸费以及其他各种性质的价外收费。价外费用和产品售价一起计入销售额计征消费税，其中运输费、储存费等可以调整至销售环节，由独立核算销售部或关联方承担此项费用，这样通过降低价外费用也可实现纳税筹划的目的。

二是通过完善工艺降低生产成本、科学管理人员和设备间接摊销税负。生产过程中，有人力成本、物料成本和部门设备摊销。工艺的进步可以降低生产成本，通过科学管理和高效的工作，人力和设备得到充分利用。企业整体成本的节约有助于消费税税负的内部吸收。

三 产权重组法

产权重组法是指通过企业合并、分立、资产重组等过程进行纳税筹划，达到企业利益最大化的方法。本质上通过组建形式的改变隔离开生产和销售环节，降低产品的计税价格。

实务工作中，企业采用委托加工和价格转移至销售环节方式的计税价格较低，即可通过合并受托加工企业或分立受托加工企业及设立独立核算销售部或关联方——销售公司来实现纳税筹划。

四 购销节点控制法

购销节点控制法指的是企业利用购销过程中的地点、对象、定价和结算方式对税负产生影响。通过对纳税义务产生时点的人为控制，使得企业的缴纳税款时间得以延长。虽然最终结果并没有使会计计量的应纳税消费税税款减少，却为企业获得了资金的时间价值，有利于企业资金周转，且在此期间不受通货膨胀影响。

在实务工作中通常利用结算方式进行纳税筹划。现行税制对纳税义务发生时间和销售实现时间有统一的规定，而结算方式的选取对纳税义务发生时间可产生较大影响。

如采用收到货款后再开具发票，能够实现递延税款的目的。纳税义务人对分期收款结算方式下的销售货款，也起到推迟纳税期限的作用，能获取这部分税金的资金时间使用价值。

第二节　消费税纳税筹划的具体思路：重点关注纳税环节

一　生产环节

生产环节的重点是降低生产成本，通过研发新的工艺、采用先进的机器设备，规模化生产，降低原材料损失，优化人工效率，采用科学的管理避免不必要的开支，使企业生产产品的单位成本降低，实现消费税在企业内部的自我吸收。

此环节有时与加工环节相互重叠，有时生产通过委托加工完成的，这种情况下没有生产工艺环节，但大型企业掌握必要的生产工艺和核心技术对提高议价能力也是必要的。即使委托企业为关联方，对这方面加以帮扶依旧能减少加工成本，实质上仍能起到降本增效的作用。

二 委托加工环节

企业购进原材料后，面临着两种加工方式选择：自行加工或委托加工。委托加工又分为两种：一是加工成半成品，委托企业收回后再加工为成品；二是加工为成品收回后直接对外销售。选择何种加工方式和加工程度的把握对企业产生的消费税影响不同，给企业带来的经济利益也不尽相同。

案例9—1：2018年3月1日，甲公司与乙公司签订了一份销售合同，甲公司生产300吨精酿白酒，商定销售价格为600万元；在2018年5月1日交货（可由甲公司的子公司代为交货），逾期视为违约。甲公司有两套方案：自行生产和委托给丙酿酒厂加工。自行生产情况下，加工成本为132万元。委托加工成定型的精酿白酒也为132万元。原材料为150万元。来分析自行加工和委托加工两种情形下消费税的缴纳情况。

【方案1】 自行加工

在本公司独立生产加工条件下，应缴纳的消费税税额
$= 300 \times 2000 \times 0.5 \div 10000 + 600 \times 20\%$

$= 150$（万元）

【方案2】 委托加工半成品收回后加工成成品销售

这里的半成品一般指的是高纯度白酒。假定甲公司提供原料，委托丙酿酒厂加工高纯度白酒240吨，收回后甲公

司以 24 万元加工成 300 吨精酿白酒，协议加工费为 108 万元。其他条件相同。

甲公司给付丙酿酒厂代扣代缴消费税税额

$= (150 + 108 + 24) \div (1 - 20\%) \times 20\% + 240 \times 2000 \times 0.5 \div 10000$

$= 94.5$（万元）。

税法规定，生产应税消费品，委托方收回后用于连续生产应税消费品的，已纳的消费税税款允许抵扣。

故甲公司实缴纳消费税 $= 300 \times 2000 \times 0.5 \div 10000 + 600 \times 20\% - 94.5$

$= 55.5$（万元）

合计甲公司应缴消费税为 150 万元。

【方案 3】 委托加工成品收回直接对外销售

假定甲公司的提供原料，委托丙酿酒厂加工精酿白酒 300 吨，收回后以原价卖给其子公司丁销售公司，由丁销售公司出售给乙企业，协议加工费为 132 万元。其他条件相同。

甲公司支付丙酿酒厂代扣代缴消费税税额

$= (150 + 132 + 30) \div (1 - 20\%) \times 20\% + 300 \times 2000 \times 0.5 \div 10000$

$= 108$（万元）

表 9—1　　　　　不同方式下甲公司消费税税额　　　　单位：万元

	代扣代缴部分	自行申报部分	消费税总额
方案 1	—	150	150
方案 2	88.5	61.5	150
方案 3	108	—	108

注："—"表示数字不存在。

资料来源：笔者自制。

结论：由表 9—1 可知，方案 3 计算甲公司的消费税税额最低，方案 1、2 纳税效果相同。即委托加工成精酿白酒收回直接对外销售的方案最佳，其次是自行生产或委托加工至半成品方案。

分析：当企业采用方案 1、2 时，无论是否经过代扣、代缴环节，企业最终都是以相同的计税依据计算税额，代扣代缴部分由于能够抵扣可以视为委托加工部分的消费税提前给付，最终消费税均为 150 万元。虽然最终消费税一样，但其实这两种方案也有区别，提前给付消费税等于交出这部分货币的时间价值，与企业资金管理高效性相违背，所以方案 1 略优于方案 2。方案 3 与前二者相比，区别在于组成的计税价格不同，材料成本加上加工费一般是小于出售金额的，否则就是亏损，作为企业是不会这样做的。而方案 3 利用了委托加工收回后直接销售，当销售价格不高于计税价格时，不必再缴纳消费税的规定，通过子公司丁销售公司完成纳税筹划下的销售。

本案例中采用了控制变量的技术方法,控制总加工成本在各个方案中是一致的,将这一干扰归零,使结论更具说服力。

实际运用延伸:企业实际生产时,加工方式以委托加工成品直接销售更有利于纳税筹划。方案3的优势在于材料成本加上加工费小于出售金额,两者之差越大,纳税筹划越有利。由于材料成本是委托方提供加工材料的实际成本,应按市场价公允反映,在制度上不存在筹划空间。然而加工费是存在议价空间的,由于加工厂走的是"薄利多销",当生产的产品的数量基数越大,对企业而言的买方市场优势就越大,可以适度议低加工费(或者以其他方式补偿达到降低加工费的效果)。这样加工费减少效应导致消费税减少的部分和加工费减少的部分累加起来,从税和费两方面降低了企业的成本,节省下来的开支用于其他经济业务活动,从而更好地提高企业的竞争力。

三 包装、运输和存储环节

包装、运输和存储环节是价外费用的筹划,销售额是由销售价格和价外费用组成,价外费用包括包装物、运输费、存储费和其他费用等,其中部分价外费可以进行剥离。

在包装物上,按照规定,计算应税消费品计税价格时,包装和应税消费品一同出售,应并入销售额计征消费税。采用包装物押金的办法,仍应计到销售额缴纳消费税。包装物本身也是产品价值的一部分。对包装物纳税筹划的一种方法是既不一同出售也不收取包装物押金，直接以裸货的价格卖给子公司——销售公司，由销售公司重新进行打包装饰出售。对集团企业而言，既规避了对包装物征收消费税又不影响产品的价值，一举两得；另一种方法是可以采用变"包装物作价随同产品一起销售"为"收取包装物押金"，并对包装物的退回设置一些条款以保证包装物押金不被退回的方式，通过这种方式可以有效降低消费税的计税依据，达到少缴纳消费税的目的。

销售商品时如果要另外收取运输费，应将运输费用转嫁到购买方。具体操作上，企业为购买方代垫运输费用并转交运输发票，如此一来就无须缴纳运输费的消费税了。该购买方如果非集团公司的关联方，则实现了运输费用和消费税的完全转嫁。如果是集团公司的关联方，也可以达到规避运输费用的消费税的目的。

存储费也可以剥离开来不充当价外费用的税基，也能适用"价格转让法"。存放在与之有关联交易或关联方的独立核算销售公司，体现在不征收消费税的销售环节从而降低税负。此外针对涉及存储在外地的库存商品，企业对其提货时可先不确定收入，计到发出商品中。收入的确认发生延迟，税负也相应递延。加之某些商品存储越大越能产生大幅度价值溢价。例如白酒是窖藏得越久质量越好，实现销售时会产生大幅价值溢价，而增加的储存费用远低于窖藏带来的价值增幅。这是白酒的特性而拥有的特殊筹划方式，一般日用产品限于保质期无法进行类似筹划。

四 销售环节

消费税具有征税环节单一性的特点，也就是通常只需要缴纳一次消费税，所以可以针对该特点，通过设立独立核算的关联企业（销售公司）进行纳税筹划。由生产企业以较低的价格销售给关联企业（销售公司），此时以该较低售价作为消费税的计税依据。关联企业（销售公司）再以正常的市场售价对外销售，这样既可以少缴纳消费税，又可以保证整体的利益不受损失。当然，生产企业销售给关联企业（销售公司）的价格可以低于市场价格，但是售价不能太低，一般不要低于市场同类产品售价的70%，否则，可能会导致税务机关核定其计税价格，按核定后的价格计算消费税。

第三节 案例分析：L公司消费税的纳税筹划

一 L公司概况

1993年设立的L公司前身是××酒厂，注册资本为279881.88万元。

L公司的明星产品是××××，这是它的招牌，更是它的底蕴。还有××特曲也是老品牌,被誉为浓香鼻祖;××酒则是年份久远、酒质上等的系列酒,另外,××头曲、二曲、养生酒也受到了大众的喜爱,甚至成为许多年轻人所选择。

二 L公司税负情况

L公司作为一家上市公司,旗下数家分公司,公司所涉及的税种也比较繁多。作为增值税的一般纳税人,单就增值税来看,就会用到五种税率。L公司涉及的主要税种及其税率见表9—2。

表9—2　　　　　　　　L公司主要税种情况

税种	计税依据	税率
增值税	应税销售收入	17%,16%,11%,10%,6%
城市维护建设税	应纳流转税额	7%
企业所得税	应纳税所得额	25%,15%,16.5%,0%
消费税(从价计征)	白酒计税价格或出厂价格	20%
消费税(从量计征)	白酒数量	1元/公斤
教育费附加	应纳流转税额	3%
地方教育费附加	应纳流转税额	2%
房产税	房产原值×70%;房屋租金	1.2%,12%
土地使用税	土地面积	5-18元/平方米
其他税项	按国家规定计缴	

资料来源:2018年L公司财务会计报告。

L公司近五年的纳税总额从 1.09 亿元增加到 16.48 亿元，而计算其中的增值税、消费税、企业所得税每年在纳税总额中所占的比例分别为：67.33%、88.41%、89.88%、91.14%、93.55%，平均每年这三大税种税额占总税额的比例高达 85.99%。

表 9—3　　　　　　　　L公司近五年的主要税负

	2014 年	2015 年	2016 年	2017 年	2018 年
增值税（万元）	551.19	10380.59	8294.07	21091.76	41622.06
消费税（万元）	1749.39	8313.65	14142.57	40001.20	54495.05
企业所得税（万元）	5067.24	6618.19	4140.84	28969.95	58049.75
纳税总额（万元）	10910.31	28630.06	29753.63	98822.80	164802.81
营业收入（万元）	535344.22	690015.69	830399.68	1039486.75	1305546.58
综合税负率（%）	2.04	4.15	3.58	9.51	12.62

资料来源：2014—2018 年 L公司财务会计报告。

从表 9—3 中可以看出，企业的综合税负率在 2014 年还只有 2.04%，但是在 2018 年已经达到了 12.62%，上升态势明显，这对于企业来说也算是一种预警，公司应该在纳税筹划方面加强重视，及时了解涉税信息，并商讨出相应的规划方案。

表 9—4　　　　　L 公司近五年消费税税负情况　　　　　单位：万元

	2014 年	2015 年	2016 年	2017 年	2018 年
消费税	1749.39	8313.65	14142.57	40001.20	54495.05
营业收入	535344.22	690015.69	830399.68	1039486.75	1305546.58
消费税税负率（%）	0.33	1.20	1.70	3.85	4.17

资料来源：2014—2018 年 L 公司财务会计报告。

从表 9—4 中可以看出，L 公司的消费税的支出是非常高的，因为白酒的复合征收方式是常见税种中税负最重的计税方式。根据表 9—4 的消费税税负率也能看出近五年的消费税与营业收入的比值是越来越大，尽管企业的收入在逐渐增加，但是相应的成本也在增加，甚至增加的速度超过了收入的增速，这就意味着企业的利润也会受到较大的影响。

三　L 公司消费税纳税筹划方案的客观依据

（一）消费税暂行条例

《中华人民共和国消费税暂行条例》规定，若是白酒的酿造原材料是粮食或是薯类，则采用从价计征和从量计征的复合征收方式。以销售价格的 20% 加上 0.5/斤的税额进行消费税的征收。对于白酒的加工方式不同，也会采用不同的计税方法。如果是企业生产后用于自己使用，则按照市场上的类似产品的销售价格来计税；但如果无法获取类似商品的市场价格，就以组成计税价格计税。若是企业委托第三方机构加工，就根据委托产品的类似产品的销售价格计税；若无法获取类似产品的销售价格就以组成计税价格计税。在国税函（2009）380号中规定了白酒消费税的最低计税价格不能低于销售单位对外销售价格的70%。

(二) 消费税暂行条例实施细则

企业若选择交由第三方来加工产品，则要委托方提供所有的加工原料，而受托方只是提供加工和一些加工过程中需要的辅料，若双方没有按照此进行就需要按照销售自制产品的方式缴纳消费税。当委托加工的产品直接卖出时，就不需要缴纳消费税；但如果委托方是个人，就需要收回后再缴纳消费税。

(三) 消费税政策依据

《关于调整酒类产品消费税政策的通知》（财税〔2001〕84号）规定，企业用购买或是委托第三方加工的酒、酒精产品来再生产应税产品时是不会扣除在上一个环节所缴纳的消费税；对于酒品的包装物，除了黄酒、啤酒以外，其他的酒类产品生产销售企业，在售出酒类商品时所对包装物收取的押金，都要计入该产品的销售价格和消费税的纳税基础。

四 L公司消费税纳税筹划的着力面

(一) 产品销售方式的选择

从消费税的纳税筹划角度，L公司可以选择与经销商合作，签订包销协议，进行产品的销售。企业将产品以出厂价格销售给经销商时，可以避免自行销售时缴纳过高的消费税，但是应当注意出厂价如果低于经销商对外售价70%的时候，税务机关就会出面干预，根据企业的规模和自身的情况以及市场的现状，对计税价格重新审核，一般会按照经销商对外售价的50%—70%来核定消费税的计税价格。因此，企业在进行包销时，应该合理制定出厂价格。

白酒的销售若是直接收款，则无论货物是否送达，只要收到货款或是受到凭证时，纳税义务就产生了；但若是使用托收承付等方式，则是根据货物的托收手续时间来定。企业可以赊销或是分期付款来销售货物，使得纳税义务延迟。

(二) 包装物的方式

L公司会在某个季节销售白酒和黄酒的礼盒套装吸引顾客，但是这种礼盒的销售会增加企业的消费税负担。假设商家需要2万套礼盒，一个礼品装里是一瓶白酒和一瓶药酒（从价征收，消费税税率10%），一共260元，白酒150元/瓶，药酒110元/瓶，每瓶容量是一斤。

【方案 1】 企业自行包装后销售

$$应纳消费税 = 2 \times 260 \times 20\% + 2 \times 2 \times 0.5$$
$$= 106（万元）$$

【方案 2】 企业生产销售给商家自行包装

$$应纳消费税 = 2 \times 150 \times 20\% + 2 \times 0.5 + 2 \times 110 \times 10\%$$
$$= 83（万元）$$

可见，企业将包装物流转至下一环节，也会节约消费税的支出。

企业对于包装物还可能会有抵押的情况，这期间是不计税的，所以把包装物的押金分期计入，在未到期时，剩余的押金就可以不计入其中，这样虽然没有减少消费税的实际支出，但达到递延纳税也是一种变相的节税手段。

(三) 日常经营环节

由于白酒实行的是复合计税，既要考虑从价税，又要考虑从量税。因此，企业可以根据自身的情况以及市场的需求，对企业的产品结构进行相应的调整，提高高档酒产销比例，可以适当减少消费税对企业的影响。同时，白酒是属于年代越长、酒香越浓的产品，企业可以储备一部分优质白酒留存到以后销售，提高其价格，并实现延缓纳税。

第四节 进一步优化消费税纳税筹划的新思路

一 "合并+委托加工"

这一方法指的是企业合并上游企业——受托工厂。通过委托加工能够带来缴纳较低的消费税，这一方法就是使其成本更低。通过控股和合并受托方，使其成为关联方或子公司，从而降低加工费用，使得计税价格更低。

此时的委托加工就是本质上的自行加工。且委托加工涉及的本公司独特的工艺和技术也可由受托工厂直接放心地使用。合并后可以直接生产，没有时间差和磨合适应的担忧。

当然，企业在合并之初需要大量的现金或其等价物，这对企业的短期资金链提出了一定的挑战。

二 "分立+委托加工"

这一方法是企业设立一家上游企业——受托工厂。其优点也是和"合并+委托加工"较为类似。但它也有独特的优点，自行建立加工厂可以逐步持续地投入资金设备，对资金链的瞬时供给峰值要求不高，而且由自己全权建设不会有溢价部分，相对收购合并而言对资金总量的要求也没有那么高。

但这种方式的缺点就在于要花费大量的时间，从开始兴建到能够实际运行耗时比较长，企业不能迅速看到加工成本减少和税负降低的益处。

三 "委托加工+销售公司"

如果企业通过自行设立的独立核算的销售部或关联方——销售公司来销售产品，交付产品时降低价格，消费税计税依据降低，而销售部对外销售不再缴纳消费税，从而实现减轻税负。设立独立核算的销售部不像整合上游资源一样，或者费时或者费钱，其设立依旧沿用原有人才和设施，完成工商和税务相关要求，对人力和资金的要求较低。

"委托加工+销售公司"的方式是整合产业链、资源优化配置的体现，通过这样这种方法将纳税筹划方法贯穿起来，采购环节降低材料成本，关联受托方降低加工费，委托收回后直接销售给独立核算销售部或关联销售公司不再缴纳消费税，价外费用转嫁至销售方，从各个环节降低纳税依据，这期间专业的纳税筹划人员同各部门联动涉税业务，以上条件促成企业申报较低的消费税进而成功完成消费税纳税筹划。

主要参考文献

李明：《新税制下建筑业纳税会计与纳税筹划》，中国市场出版社 2010 年版。

栾庆忠：《增值税纳税实务与节税技巧》，中国市场出版社 2017 年版。

汪华亮、邢铭强、索晓辉：《企业纳税筹划与案例解析》，立信会计出版社 2018 年版。

王彦：《税务筹划方法与实务》，机械工业出版社 2009 年版。

翟继光：《新税法下企业纳税筹划》，电子工业出版社 2018 年版。

翟继光：《营业税改增值税政策解析与纳税》，立信会计出版社 2016 年版。

庄粉荣：《所得税纳税筹划案例精选》，机械工业出版社 2012 年版。

曹慧：《浅谈消费税的纳税筹划》，《会计师》2015 年第 1 期。

陈金婷、李妹柔：《"营改增"对银行业的影响—利润视角下的分析》，《中国乡镇企业会计》2015 年第 1 期。

陈月娥、郑高仕、翁艺鸿等：《白酒企业消费税纳税筹划》，《科技经济市场》2018 年第 4 期。

褚继威：《基于会计政策选择的企业税务筹划问题研究》，《东北财经大学》2014 年第 11 期。

崔晓玉：《增值税会计处理方法的改进研究》，《商业会计》2014 年第 24 期。

狄晓钰：《企业海外投资纳税筹划探析》，《纳税》2018 年第 12 期。

董海涛：《新会计准则下企业会计政策选择的税务筹划》，《北方经贸》2013 年第 4 期。

盖地：《企业税务筹划理论与实务》，东北财经大学出版社 2015 年版。

郭李红：《白酒企业消费税纳税筹划研究》，《品牌》（理论月刊）2011 年第 4 期。

郭梅：《营改增政策解读与企业实操手册》，人民邮电出版社 2016 年版。

郭宗琴：《建筑企业所得税纳税统筹探究》，《企业改革与管理》2016 年第 22 期。

韩丹：《论企业加强纳税筹划的方法》，《纳税》2019 年第

13 期。

贺丽春：《浅议营改增对建筑企业的影响》，《会计师》2013 年第 24 期。

胡仕红：《"营改增"对建筑施工企业税负影响研究》，《财会学习》2019 年第 3 期。

姜业庆：《"营改增"试点还需加快推进》，《中国经济时报》2014 年第 3 期。

靳海花：《口子窖消费税的纳税筹划》，《农村经济与科技》2018 年第 29 期。

李丹丹：《纳税统筹和现代企业财务管理》，《现代经济信息》2018 年第 15 期。

李瑞红：《关于银行业"营改增"的几点思考》，《山西财税》2013 年第 8 期。

李玉娇：《浅谈消费税纳税筹划》，《商》2016 年第 16 期。

刘聪：《企业纳税筹划风险研究》，《农村经济与科技》2018 年第 29 期。

刘峥：《白酒企业消费税的纳税筹划》，《企业改革与管理》2016 年第 3 期。

刘峥：《白酒企业消费税的纳税筹划》，《企业改革与管理》2016 年第 3 期。

鹿清波：《浅析税务筹划在企业会计处理中的应用》，《中国商论》2015 年第 21 期。

路宪文：《谈建筑行业营改增的必要性》，《企业研究》2013

年第 2 期。

吕蕾：《消费税的纳税筹划理论及实务研究》，《农村经济与科技》2017 年第 28 期。

吕荣福、吴飞虹：《"营改增"扩围对我国银行业的影响及应对探讨》，《财务与会计》2014 年第 6 期。

马秀芬：《税务筹划在企业会计处理中的应用探讨》，《时代金融》2016 年第 18 期。

宁坚：《对白酒消费税改革的几点思考》，《中国财政》2018 年第 22 期。

宁瑞鹏：《现代企业会计处理中税务策划的相关问题研究》，《商场现代化》2014 年第 21 期。

任磊、杨宇轩：《浅谈营业税改征增值税对我国中小银行业的影响》，《时代金融》2013 年第 1 期。

申玲、瞿佳依、李韫：《营改增对建筑企业税负的影响——基于建筑业上市公司的数据分析》，《会计之友》2018 年第 9 期。

申艳艳：《白酒生产企业消费税纳税筹划研究》，《合作经济与科技》2011 年第 16 期。

申艳艳：《白酒生产企业消费税纳税筹划研究》，《合作经济与科技》2011 年第 16 期。

姒建英：《白酒生产企业设立销售公司的纳税筹划新探》，《商业会计》2010 年第 2 期。

宋宏岩：《论会计处理方法的选择在税务筹划中的运用》，

《会计之友》2004年第6期。

孙虹：《营改增对建筑企业财务的影响》，《合作科技与经济》2016年第1期。

孙培：《浅谈建筑企业所得税税务筹划管理》，《现代经济信息》2018年第18期。

滕建林：《论会计处理方法的选择在所得税筹划中的运用》，《北方经贸》2005年第4期。

田珊：《建筑施工企业所得税的纳税筹划与减税增效探讨》，《财经界》（学术版）2019年第2期。

王博：《白酒生产企业销售环节消费税纳税筹划》，《当代经济》2018年第4期。

王贵长：《税收新规下建筑业增值税筹划的几点思考》，《会计之友》2018年第15期。

王意林：《四川水井坊股份有限公司消费税纳税筹划》，《中国管理信息化》2018年第21期。

吴丽玲：《税务筹划在企业会计处理中的应用探讨》，《中国外资》2014年第12期。

吴琪雯：《从企业角度看建筑企业的所得税》，《现代经济信息》2012年第3期。

吴霞：《税收筹划技术在建筑企业中的应用研究》，《环渤海经济瞭望》2018年第7期。

吴颖：《关于企业纳税筹划方法的思考》，《现代商业》2019年第7期。

肖震萍：《论营改增后建筑业的税务筹划》，《经贸实践》2018年第17期。

徐美华：《纳税筹划在企业会计处理中的应用》，《合作经济与科技》2015年第15期。

徐秋玲：《营改增后房地产企业的税收筹划探讨》，《财经界：学术版》2016年第7期。

闫战妮：《浅议营改增对建筑企业的影响及应对措施》，《财会学习》2015年第11期。

叶慧丹：《纳税筹划在企业会计核算中的应用研究》，《财经界：学术版》2016年第6期。

余国芬：《"营改增"对企业财务管理影响及对策研究》，《财经界》2013年第10期。

翟继光：《营改增政策解释与纳税筹划》，立信会计出版社2016年版。

张景钦：《论企业税务筹划在战略管理中的运用的若干问题研究》，《厦门大学》2015年第10期。

张咪：《泸州老窖集团消费税纳税筹划分析》，《中国管理信息化》2018年第21期。

赵金梅、马郡：《营改增实战：增值税从入门到精通》，机械工业出版社2016年版。

朱慧萍：《白酒企业品牌价值评估方法及案例分析》，《科技通报》2017年第6期。

Graham Bannocx, *Reforming Value Added Tax*, Institute of

Economic Affairs, Vol. 6, 2012.

Simon. J, "The Importance of Fairness in Tax Policy", *Behavioral Economics and the UK experience*, Vol. 31, 2014.

MacLean and Jim, "Tax planning from Backroom to Boardroom", *Canadian Mining Journal*, Vol. 5, 2013.

Gaetan Nicodeme, *International Taxation and Multinational Firm Location Decisions*, Taxa-tion Papers, 2009.

Taylor. G and Richardson. G, "Incentives for corporate tax planning and reporting: Empirical evidence from Australia", *Journal of Contemporary Accounting & Economics*, Vol. 10, 2014.